나도 할 수 있는 네이버 스마트스토어 창업

처음부터 쉽게 시작하는 온라인 비즈니스

김보현 지음

더보다

목차

01. 스마트스토어란?

1. 스마트스토어의 특징 8p
2. 스마트스토어의 장점 9p
3. 스마트스토어를 선택하는 이유 9p

02. 네이버 회원 가입 및 스마트스토어 개설

1. 온라인 창업을 위한 사업자등록 12p
2. 네이버 스마트스토어 가입 방법 14p
3. 홈택스에서 사업자등록하는 방법 26p
4. 통신판매업 신고증 온라인 발급 방법 30p

03. 스마트스토어 설정

1. 스마트스토어 관리자 홈 46p
2. 상품 관리 49p
3. 주문 및 배송 관리 50p
4. 고객 관리 51p
5. 통계 및 분석 52p
6. 정산 관리 53p

04. 상품 등록

1. 카테고리 59p
2. 상품명 60p

3. 상품 가격 63p

4. 재고수량 66p

5. 옵션 상품 설정 66p

6. 상품 이미지 71p

7. 상세 설명 75p

8. 상품 주요 정보 80p

9. 상품정보제공고시 85p

10. 배송 86p

11. 반품/교환 93p

12. A/S 특이사항 94p

13. 추가 상품 95p

14. 구매/혜택 조건 98p

15. 검색설정 108p

16. 판매자 코드 112p

17. 노출 채널 112p

05. 스마트스토어 상품・배송・공지사항 관리

1. 스마트스토어 상품 조회 관리 118p

2. 배송정보 관리 119p

3. 공지사항 관리 125p

06. 스마트스토어 주문관리

1. 스마트스토어 주문관리 확인 132p

2. 주문 확인 및 처리 절차 133p

3. 구매 확정 140p

4. 정산 141p

5. 반품 및 환불 처리 141p

6. 기타 주문관리 팁 152p

01.
스마트스토어란?

1. 스마트스토어란?

스마트스토어 개요

스마트스토어는 네이버가 제공하는 온라인 쇼핑몰 플랫폼으로, 개인 및 소규모 사업자들이 별도의 웹사이트나 기술적인 지식 없이도 쉽게 자신만의 온라인 스토어를 개설하고 운영할 수 있도록 도와줍니다. 스마트스토어는 사용자 친화적인 인터페이스와 네이버의 막강한 검색 엔진을 기반으로, 초보자부터 경험이 많은 판매자들까지 모두 활용할 수 있는 온라인 판매 플랫폼입니다.

1. 스마트스토어의 특징

스마트스토어는 다양한 기능과 편리성을 제공하며, 이로 인해 초보자들도 쉽게 이용할 수 있습니다. 몇 가지 주요 특징은 다음과 같습니다

- **손쉬운 스토어 개설**

코딩이나 웹사이트 제작에 대한 지식 없이도 누구나 네이버 회원 가입 후 간편하게 스토어를 개설할 수 있습니다.

- **편리한 상품 등록**

상품 등록 시 자동으로 네이버 쇼핑에 노출되며, 옵션 상품(예: 색상, 사이즈 등)도 간단하게 설정할 수 있습니다.

- **네이버 검색과의 연동**

스마트스토어에서 판매하는 상품은 네이버 검색 결과와 네이버 쇼핑에 노출되기 쉬워, 많은 잠재 고객에게 자연스럽게 노출됩니다.

- **통합 관리 시스템**

판매자는 상품 관리, 주문 처리, 배송 관리, 고객 응대까지 모든 과정을 통합된 관리자 화면에서 쉽게 처리할 수 있습니다.

2. 스마트스토어의 장점

스마트스토어를 이용하면 여러 가지 이점을 누릴 수 있습니다:

- **광범위한 고객 접근성**

네이버의 강력한 검색 기능을 통해 상품이 쉽게 노출되어 더 많은 고객이 유입될 가능성이 높습니다.

- **다양한 결제 옵션 제공**

네이버페이를 비롯한 다양한 결제 옵션을 제공하여, 고객이 편리하게 결제할 수 있습니다.

- **비용 효율성**

스마트스토어는 초기 비용이 적고, 대규모 광고비를 들이지 않고도 네이버 검색을 통한 자연 유입을 기대할 수 있습니다.

- **통합된 마케팅 도구**

쿠폰 발행, 고객 리뷰 관리, 네이버 검색 광고 등 다양한 마케팅 도구를 활용하여 판매를 촉진할 수 있습니다.

3. 스마트스토어를 선택하는 이유

다양한 온라인 판매 플랫폼 중에서 스마트스토어를 선택하는 주요 이유는 네이버의 높은 검색 점유율과 플랫폼의 사용 편의성에 있습니다. 특히 초보자들도 쉽게 접근할 수 있다는 점이 매력적이며, 네이버의 방대한 사용자층을 통해 자연스럽게 스토어를 노출할 수 있습니다. 또한, 다양한 마케팅 도구와 광고 전략을 스마트스토어 내에서 손쉽게 활용할 수 있기 때문에, 별도의 복잡한 절차 없이도 효과적으로 스토어를 운영할 수 있습니다.

스마트스토어는 개인화된 브랜드 구축과 동시에 광범위한 네이버 사용자 기반을 활용하여 쉽게 온라인 판매를 시작할 수 있는 훌륭한 도구입니다.
스마트스토어는 초보자부터 중소규모 사업자부터 대형 판매자까지 다양한 규모의 판매자들이 선택하는 플랫폼입니다. 네이버의 강력한 검색 기능, 편리한 관리 도구, 비용 효율성 덕분에 판매자들이 스마트스토어에서 성공적인 온라인 판매를 하고 있습니다

02.
네이버 회원 가입 및 스마트스토어 개설

2. 네이버 회원 가입 및 스마트스토어 개설

1. 온라인 창업을 위한 사업자등록 방법

스마트스토어에서 사업자로 운영하려면, 사업자 등록증을 제출해야 합니다. 개인이나 법인 사업자일 경우 사업자등록증 인증이 필요하며, 절차는 다음과 같습니다:

스마트스토어에서 사업자 등록증 인증을 진행할 때는 통신판매업 신고증과 사업자명, 계좌명에 대한 정보가 필요합니다. 이와 관련된 절차와 필요한 내용을 추가하여 설명드리겠습니다.

네이버 스마트스토어 가입 시 사업자 등록증 및 통신판매업 신고증 인증 절차

스마트스토어에서 사업자로 활동하기 위해서는 사업자 등록증과 통신판매업 신고증을 반드시 제출해야 합니다. 또한, 판매 수익을 수령하기 위해 사업자명과 일치하는 계좌 정보도 필요합니다. 아래는 인증 시 필요한 구체적인 정보와 절차입니다.

사업자 등록증 인증

스마트스토어에서 사업자로 등록하려면, 먼저 사업자 등록증을 제출하고 인증을 받아야 합니다.

- 사업자 등록증 발급은 사업장 소재지 세무서 직접 방문 및 국세청 홈택스 사이트에서 발급받을 수 있습니다.

- 발급받은 사업자 등록증을 준비해 주세요.

통신판매업 신고증 제출

스마트스토어에서 온라인으로 물건을 판매하려면 통신판매업 신고가 필수입니다. 이는 전자상거래 법에 따라 반드시 필요한 절차로, 통신판매업 신고 후 통신판매업 신고증을 발급받아야 합니다.

계좌명과 사업자명 일치 확인

스마트스토어에서 수익 정산을 받기 위해서는 계좌 정보가 필요합니다. 이때 사업자명과 계좌명의 일치 여부가 매우 중요합니다.

필요한 계좌 정보
① 은행명 : 수익 정산을 받을 은행을 선택합니다.
② 계좌번호 : 판매 수익이 입금될 계좌번호를 정확하게 입력합니다.
③ 계좌명 : 사업자명과 동일한 이름으로 된 계좌만 등록할 수 있습니다. 계좌 명의가 사업자명과 다를 경우 정산이 불가능할 수 있으니, 반드시 사업자명의 계좌를 등록해야 합니다.

계좌 정보 제출 절차
① 스마트스토어센터 접속 : 스마트스토어센터 내 정산 / 계좌 정보 설정 메뉴로 이동합니다.
② 계좌 정보 입력 : 은행명, 계좌번호, 계좌명을 입력합니다.
③ 계좌 인증 : 네이버 측에서 계좌 명의와 사업자명 일치 여부를 확인한 후 인증 절차가 완료됩니다.

최종 확인 및 스토어 운영 시작
사업자 등록증, 통신판매업 신고증, 계좌 정보 인증이 모두 완료되면, 스마트스토어에서 정상적으로 판매 활동을 할 수 있습니다. 모든 정보가 정확히 인증될 때까지는 스토어의 일부 기능이 제한될 수 있으니, 서류 제출 후 인증이 완료될 때까지 기다려 주세요.

★내용정리★
1. 사업자 등록증 : 스마트스토어에서 사업자 활동을 하려면 국세청에서 발급받은 사업자 등록증을 제출해야 합니다.

2. 통신판매업 신고증 : 정부24 사이트에서 통신판매업 신고 후 신고증을 발급받아 제출해야 합니다.

3. 계좌명과 사업자명 일치 : 수익 정산을 위해 사업자명과 동일한 계좌명을 사용하는 계좌 정보를 제출해야 합니다.

2. 네이버 스마트스토어 가입 방법

네이버 스마트스토어에 가입하여 자신의 온라인 스토어를 개설하는 것은 매우 간단한 과정입니다. 아래에 스마트스토어 가입 절차를 단계별로 설명드리겠습니다.

네이버 로그인

스마트스토어 가입을 위해 먼저 네이버 계정이 필요합니다. 네이버 계정이 없다면 계정을 생성한 후 진행하세요.

① 네이버 홈페이지 http://www.naver.com 에 접속합니다.
② 우측 상단에 있는 로그인 버튼을 클릭하여, 네이버 계정으로 로그인합니다.

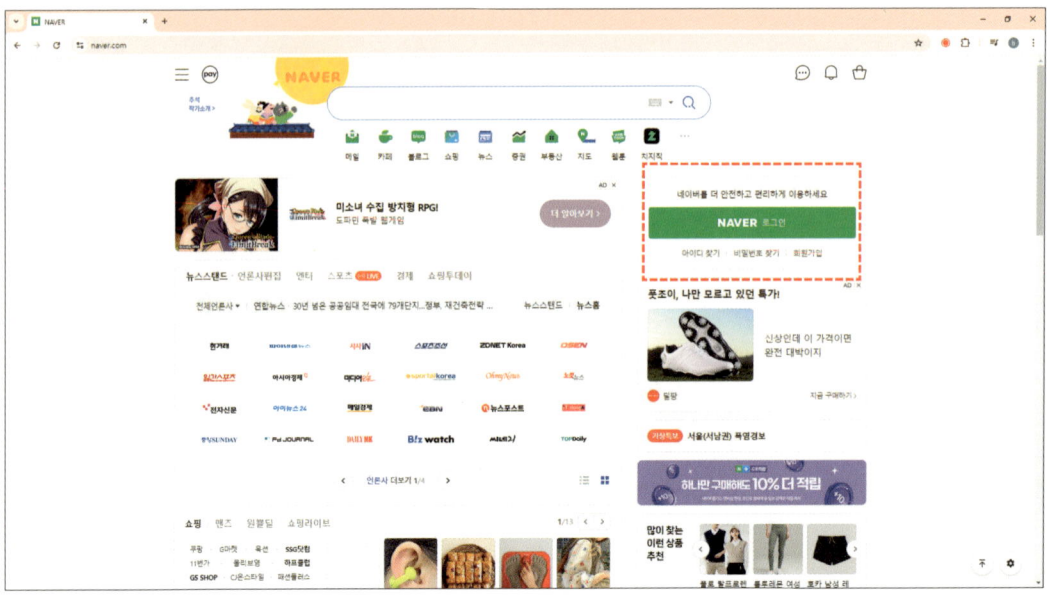

네이버 아이디가 있다면 로그인 버튼을 클릭하고, 새로운 아이디가 필요하다면 회원가입 버튼을 클릭해서 아이디를 생성하도록 합니다. 스마트스토어 가입은 네이버 아이디가 아닌 구글이나 다음 이메일 아이디로도 가입이 가능합니다

네이버 홈 화면 오른쪽 상단 로그인 버튼 아래에 있는 회원가입 버튼을 클릭하면 회원가입 진행이 됩니다.

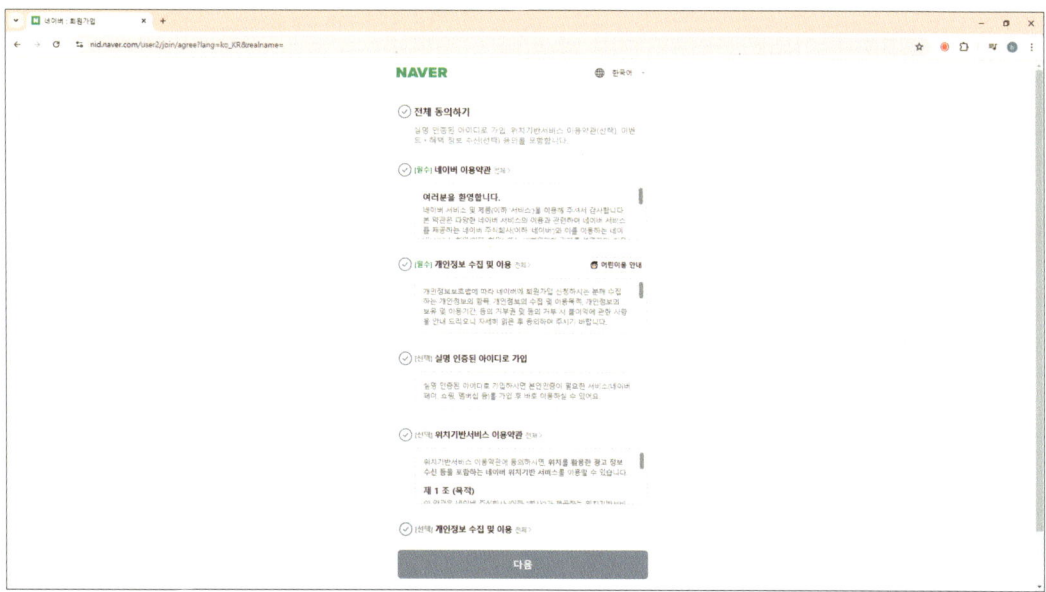

스마트스토어 센터 접속

로그인 후, 스마트스토어를 개설하기 위해 네이버 스마트스토어 센터로 이동해야 합니다.

① 네이버 검색창에 "스마트스토어센터"를 검색하거나 https://sell.smartstore.naver.com 주소로 직접 접속합니다.

② 스마트스토어센터 메인 화면에서 스토어 개설하기 버튼을 클릭합니다

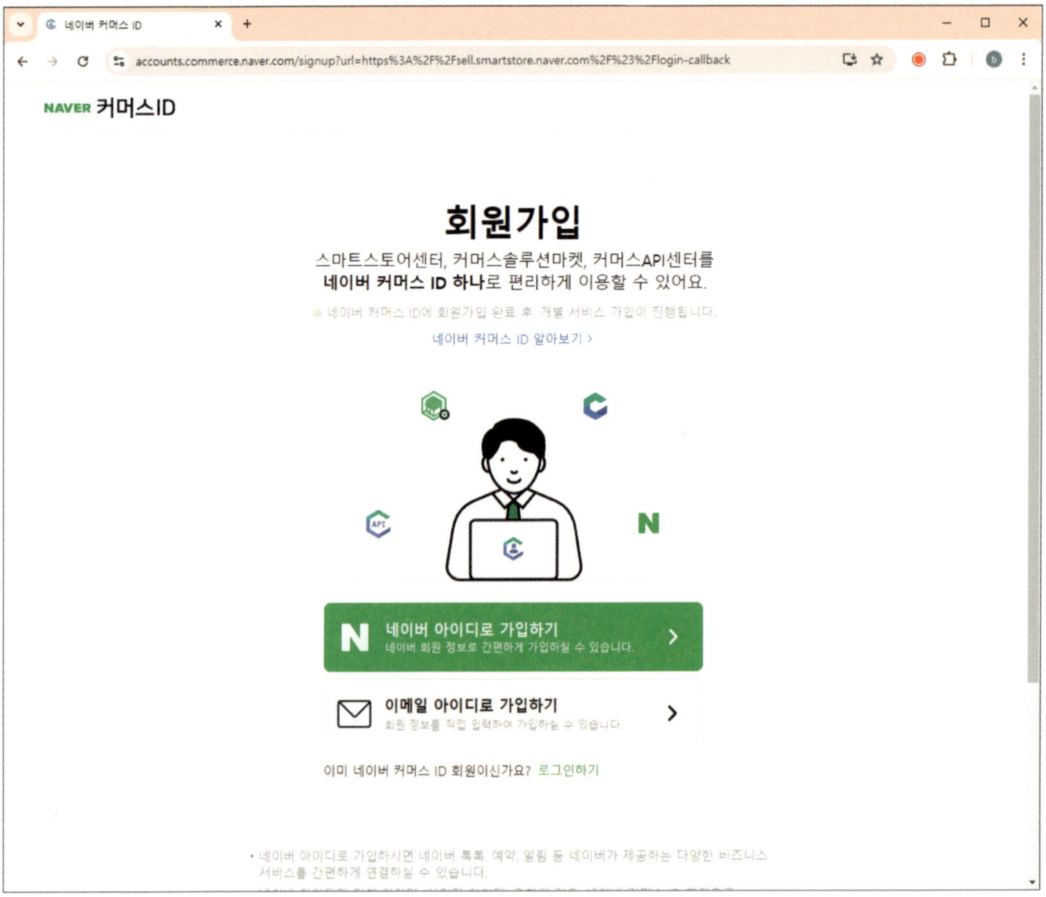

네이버 아이디는 네이버 회원가입한 아이디로 가입하면 되고, 이메일 아이디로 가입하기는 다음이나 구글 등의 이메일로 가입할 경우 선택하면 됩니다.

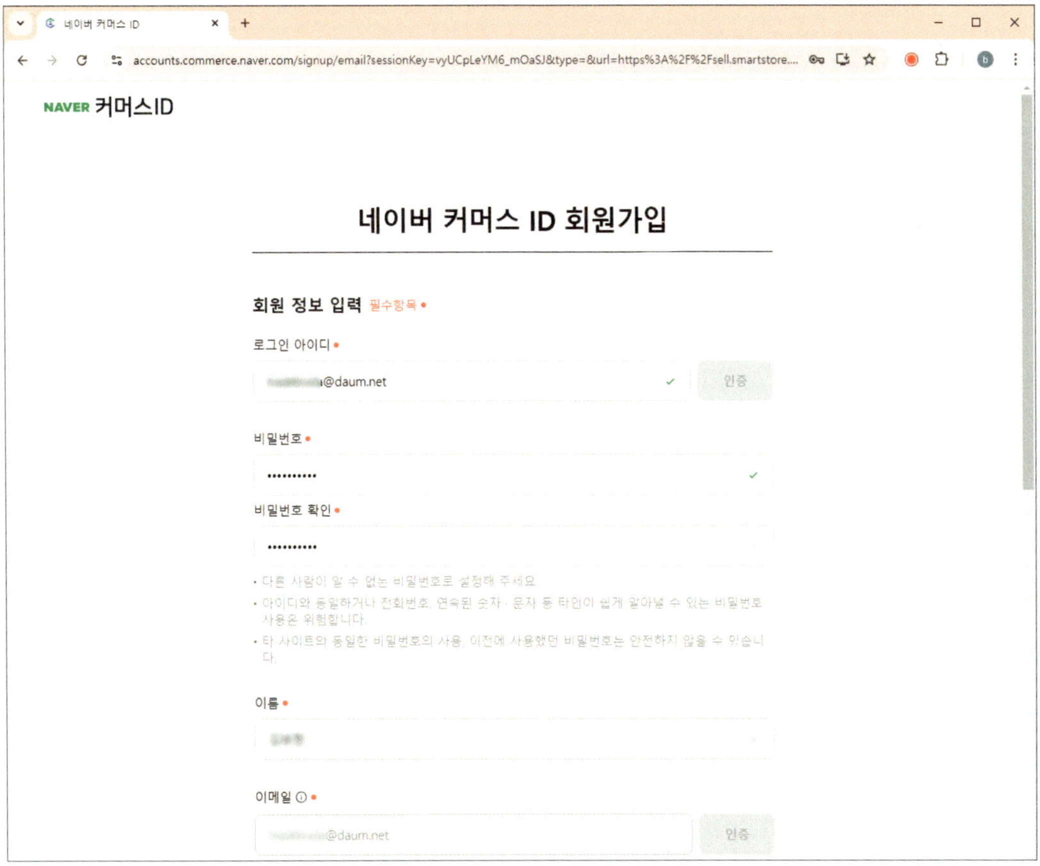

네이버 커머스 ID 회원가입 화면입니다. 이메일 주소가 아이디로 등록이 됩니다. 내용 작성 후 다음 버튼을 클릭해서 2단계 인증 과정 진행합니다.

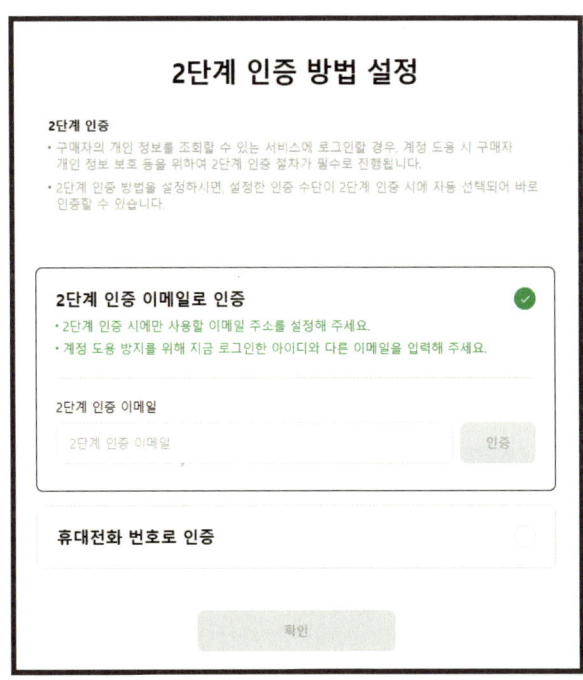

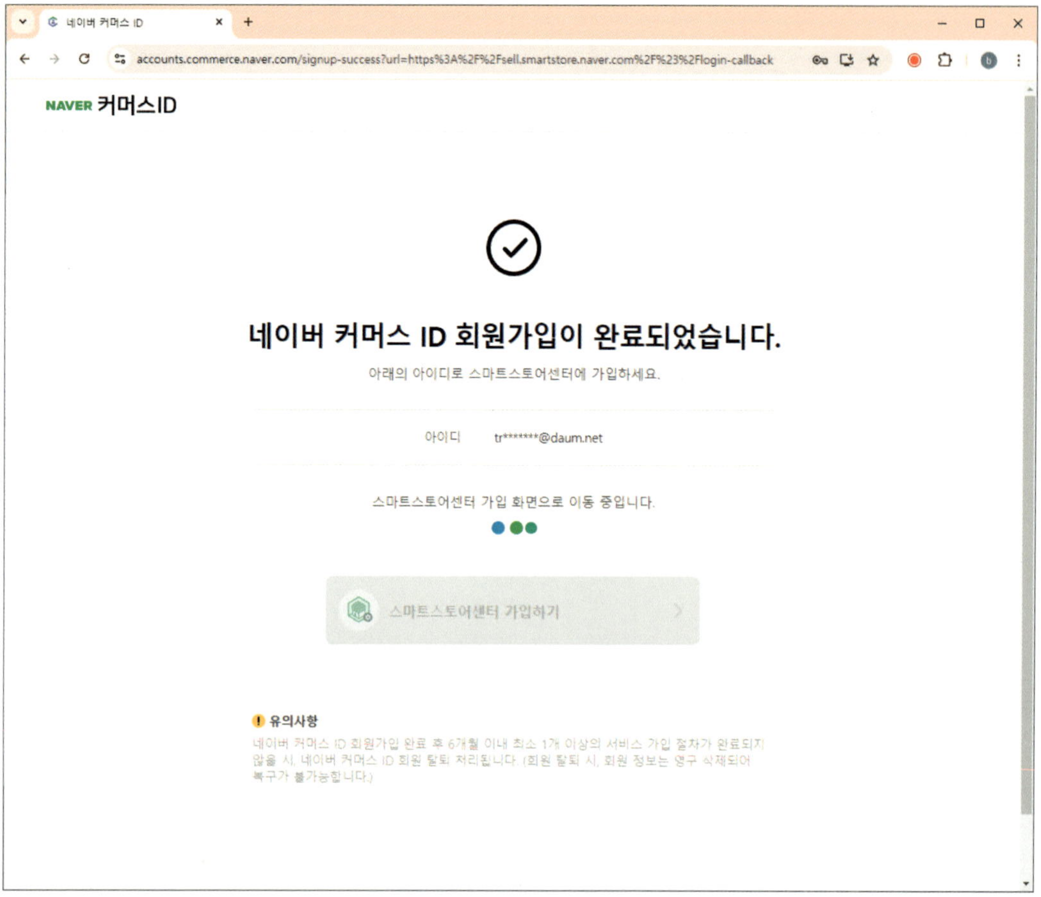

아이디와 비밀번호 설정을 하고 회원가입이 되었다면 완료되었다는 확인 메시지를 확인할 수 있는데 이 과정은 아이디 비밀번호 등록만 되었을 뿐 아직 스토어 개설이 된 것은 아닙니다. 별도 버튼을 클릭하지 않아도 자동적으로 다음 화면으로 변경이 됩니다.

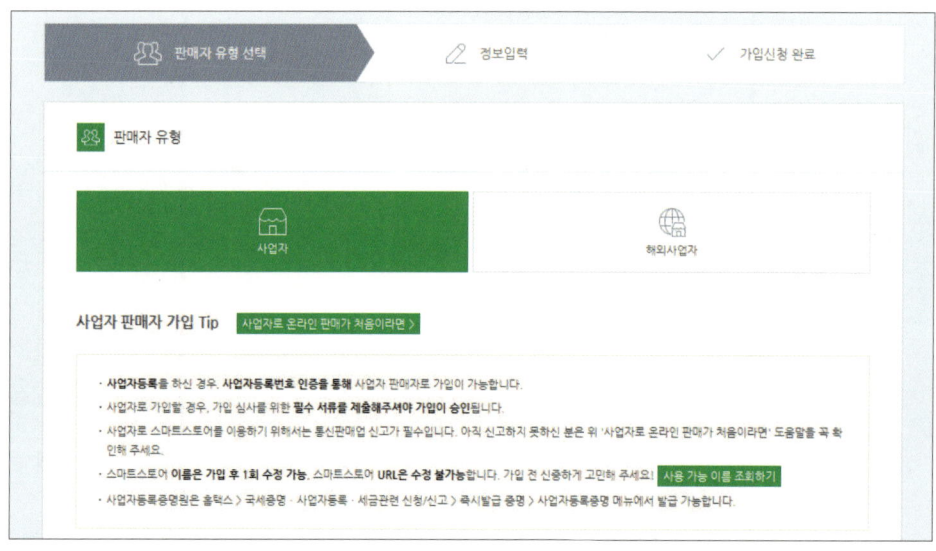

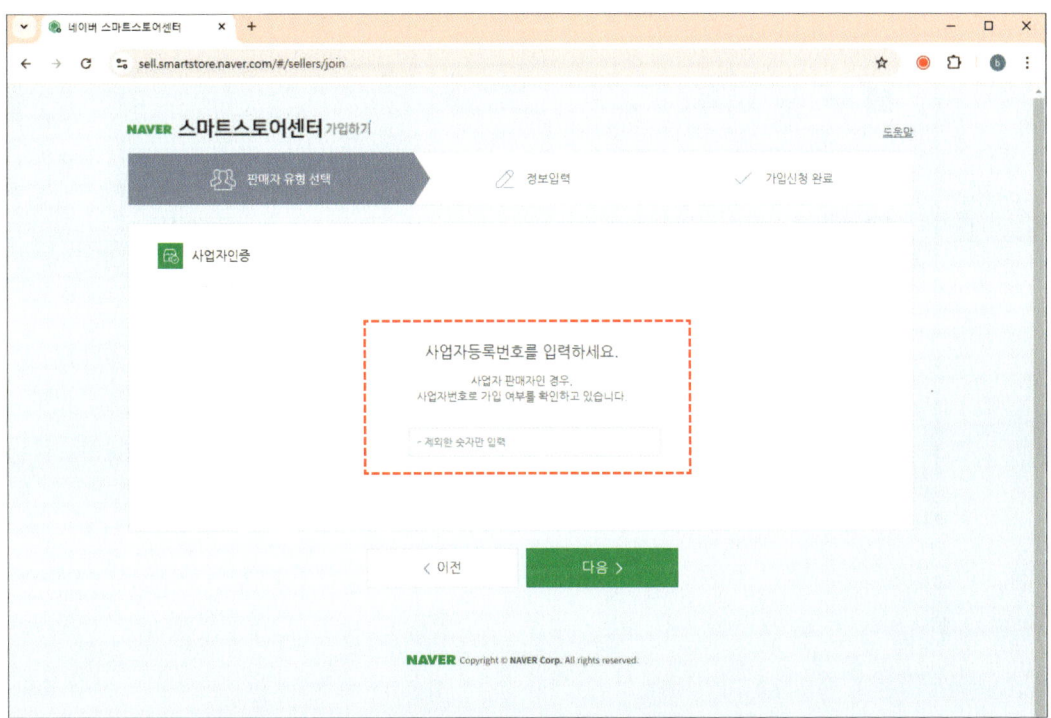

사업자 제출 서류를 확인합니다. 개인사업자 본인이 스마트스토어 개설을 할 경우 사업자등록증과 사업자등록증명원이 필요합니다. 마지막 단계에서 파일을 첨부하도록 되어있으니 미리 준비하도록 합니다.

다음 단계에서 사업자등록번호를 입력합니다.

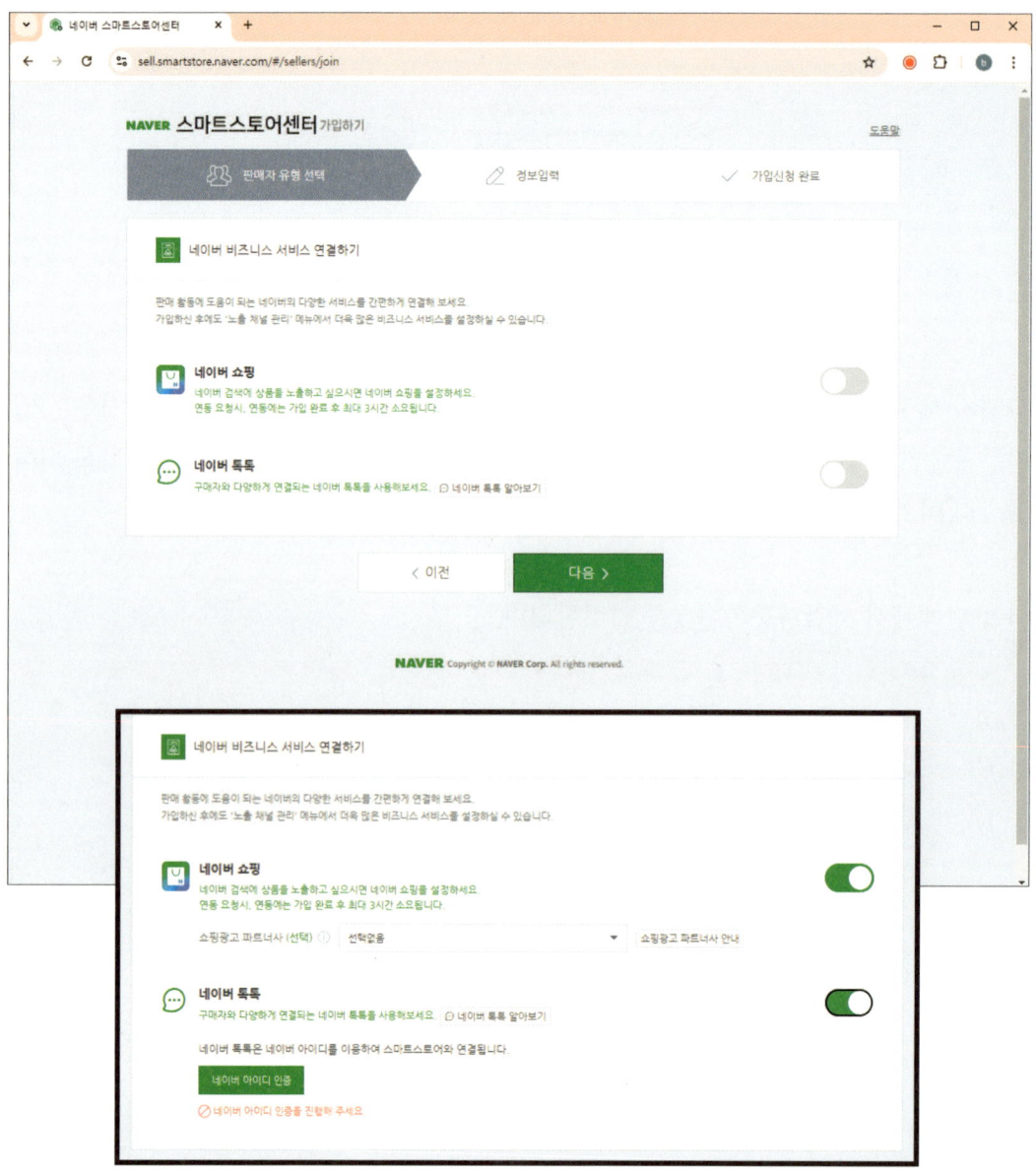

네이버 쇼핑과 네이버 톡톡 오른쪽에 있는 버튼들이 비활성화되어 있는데 클릭 앤 드래그 해서 활성화되도록 합니다. 네이버 쇼핑은 네이버에서 상품을 검색했을 때 노출이 되도록 하는 기능인데 만약 네이버에서 검색이 되는 것을 원하지 않을 경우에는 비활성화 된 채로 두면 됩니다.

네이버 톡톡은 고객 입장에서 해당 제품에 대한 문의사항이 있을 경우 쉽게 문의할 수 있기 때문에 활성화하는 것이 좋습니다. 네이버 톡톡을 사용할 경우에는 반드시 네이버 아이디가 필요합니다.

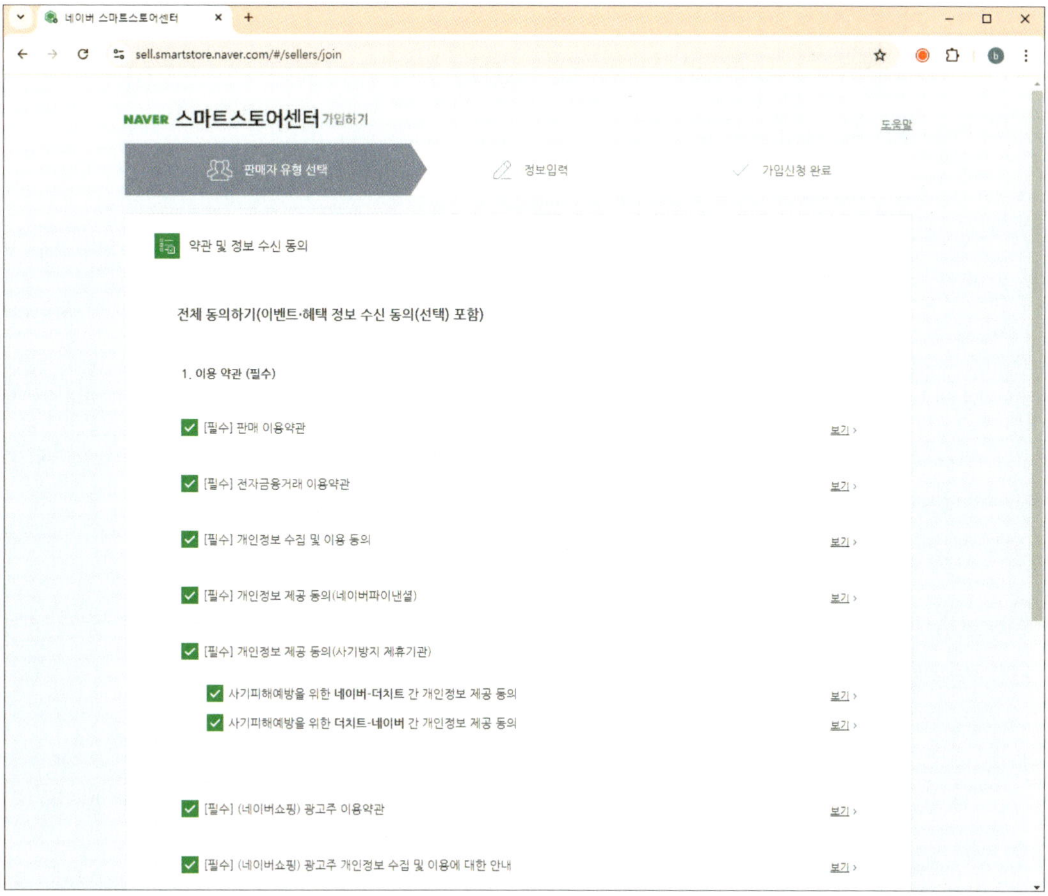

이용 약관은 필수 동의가 필요하니 체크박스에 체크 후 다음 단계 진행을 합니다.

정보 입력 단계에서는 스마트스토어를 개설할 때 가장 중요한 스마트스토어 이름과 URL 등록을 진행하게 됩니다.

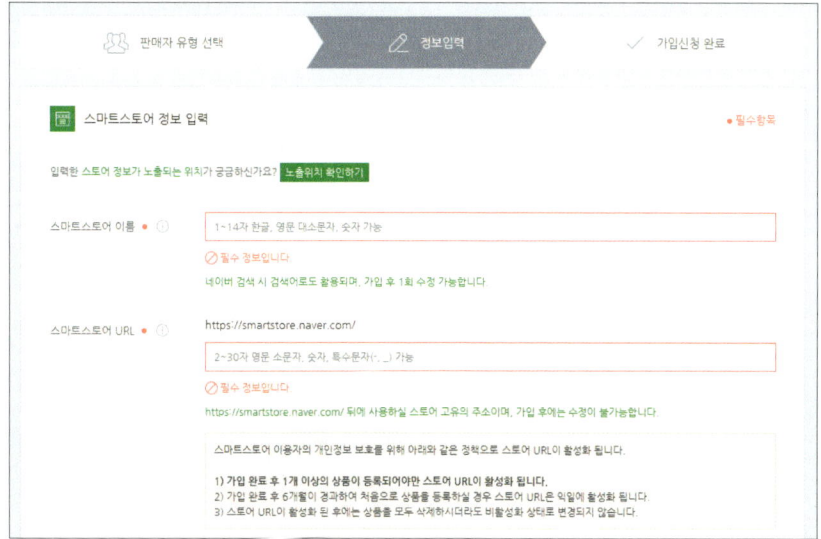

스토어 기본 정보 입력

스토어 개설 절차는 간단한 정보 입력으로 시작됩니다. 이 단계에서는 스토어 운영에 필요한 기본 정보를 입력합니다.

① 스토어 이름 : 상점의 이름을 입력합니다. 이 이름은 네이버 쇼핑에서 고객들에게 노출되므로, 쉽고 기억하기 좋은 이름을 선택하는 것이 좋습니다.

네이버에서는 중복된 스토어 이름을 사용할 수 없으므로, 스토어 이름을 설정할 때 이미 사용 중인 이름인지 확인해야 합니다. 상표권이 있는 이름이나 유명 브랜드와 혼동될 수 있는 이름은 피해야 법적인 문제가 발생하지 않습니다.

② 스토어 URL : 스토어의 고유 웹 주소(URL)를 설정합니다. 기본적으로 smartstore.naver.com/스토어 URL 형식으로 설정됩니다.

③ 사업자 유형 선택: 개인 사업자, 법인 사업자, 비사업자 중 하나를 선택합니다.
비사업자는 사업자 등록증이 없더라도 스마트스토어를 개설할 수 있지만, 일부 기능(세금계산서 발행 등)이 제한됩니다.

사업자 등록증이 있을 경우, 이후 단계에서 인증을 완료해야 합니다.
사업자 정보에는 사업자등록과 사업자 계좌 그리고 통신판매업 신고증이 필요합니다.
통신판매업은 나중에 등록이 가능합니다

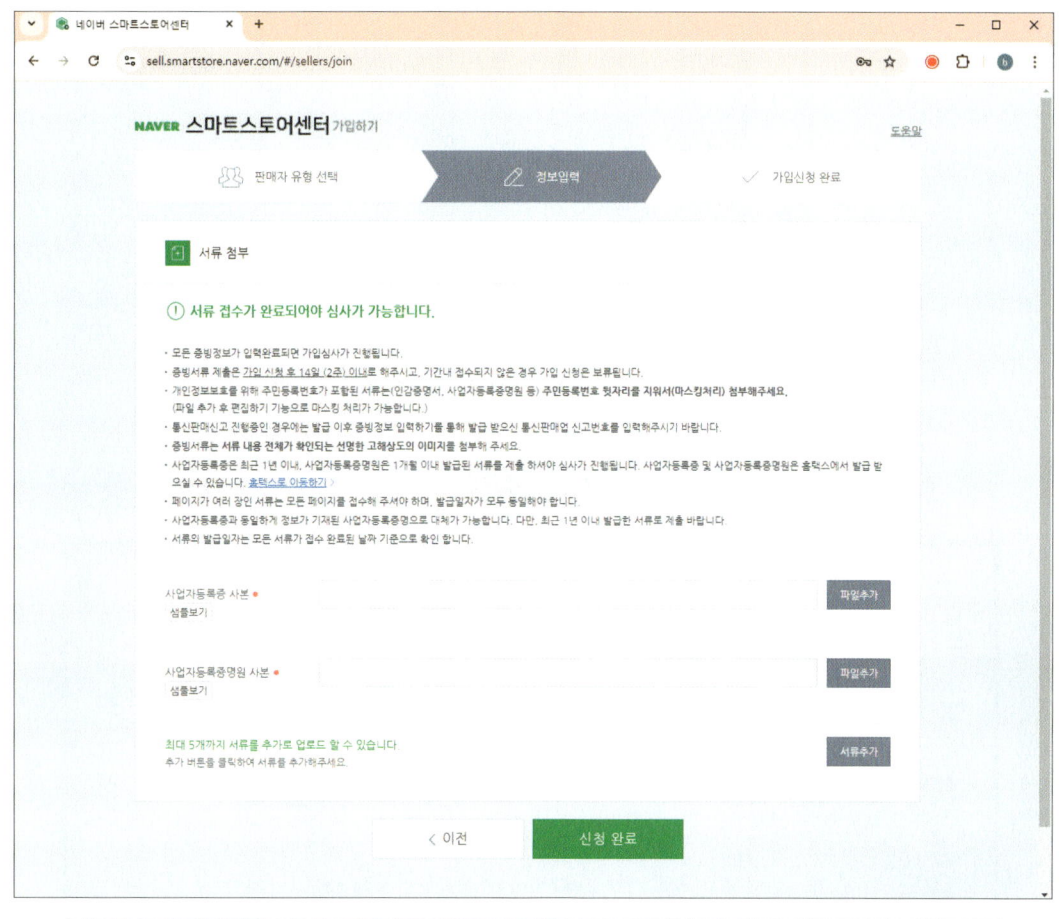

통신판매업 신고를 하지 않았을 경우에는 통신판매업 미 신고 체크 후 사업자등록과 사업자 계좌를 등록 후 사업자 스마트 스토어를 개설합니다.

온라인 판매 시 통신판매업은 반드시 필수이므로 통신판매업 신고증은 발급을 하셔야 합니다. 통신판매업 신고는 관할 구청에 방문할 경우에는 신고 후 평균 2주일 정도 후에 발급이 되고 온라인에서 할 경우 정부24사이트 https://www.gov.kr 에서 가능합니다.

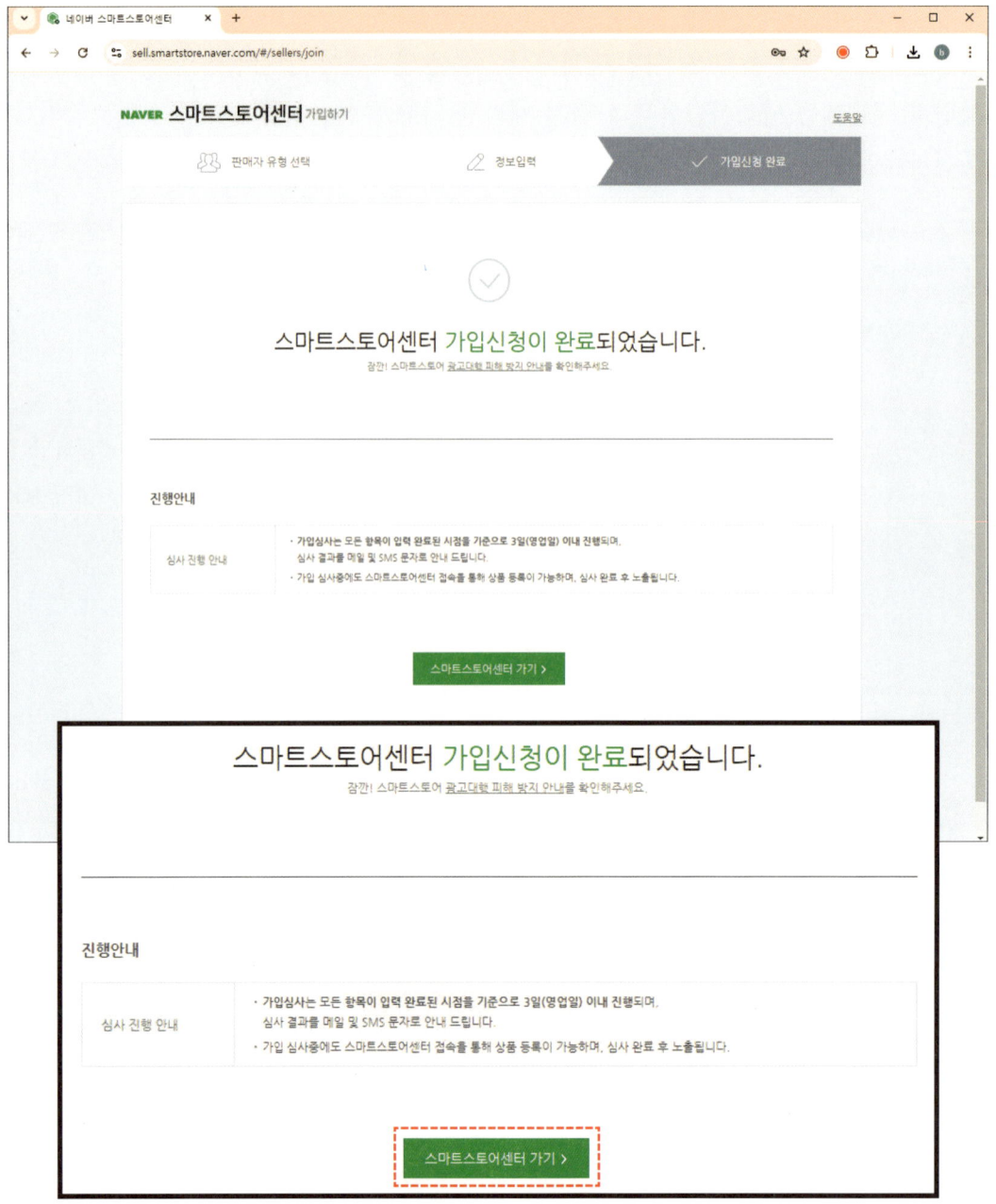

스마트스토어센터 가입이 완료되었습니다.
스마트스토어센터 가기 버튼을 클릭하면 스마트스토어센터 대시보드 화면으로 전환됩니다.

제출한 서류 심사 중 안내 팝업창을 닫으면 스마트스토어센터 메인 대시보드를 확인할 수 있습니다. 상품 등록 및 주문 시스템 확인 관리는 모두 아래 보이는 화면의 대시보드에서 설정을 하게 됩니다.

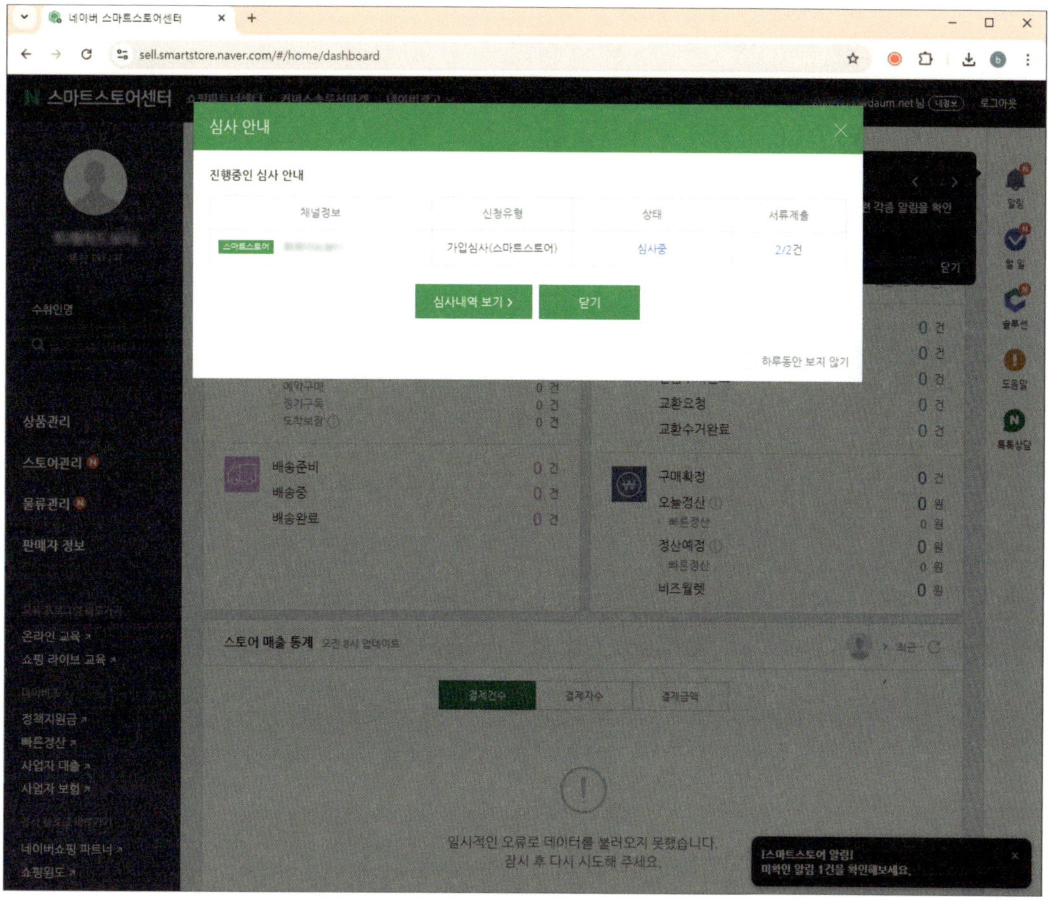

서류 심사 중으로 스마트스토어는 아직 개설되지 않았고 스토어 홈 화면에는 "운영되고 있지 않습니다" 라고 나옵니다.

3. 홈택스에서 사업자등록하는 방법

홈택스(국세청 사이트)에서 사업자등록을 신청하는 과정은 비교적 간단하지만, 준비해야 할 서류와 절차가 있으니 미리 알아두면 좋습니다. 아래는 홈택스를 통해 사업자등록을 하는 방법에 대한 단계별 설명입니다.

준비 사항

① 홈택스 회원가입 및 공인인증서 준비

사업자등록을 신청하기 위해서는 홈택스 회원가입이 필요하며, 공인인증서(또는 공동인증서)가 있어야 합니다. 미리 준비해 주세요.

② 필수 서류 준비

사업자등록 신청 시 필요한 기본 서류를 미리 준비해야 합니다. 일반적으로 온라인으로 제출하는 경우, 추가 서류를 제출할 필요는 없지만 특정 업종에 따라 추가 서류가 필요할 수 있습니다.

임대차 계약서 : 사업을 운영하는 장소에 대한 임대차 계약서 사본

홈택스에서 사업자등록 신청하는 방법

www.hometax.go.kr

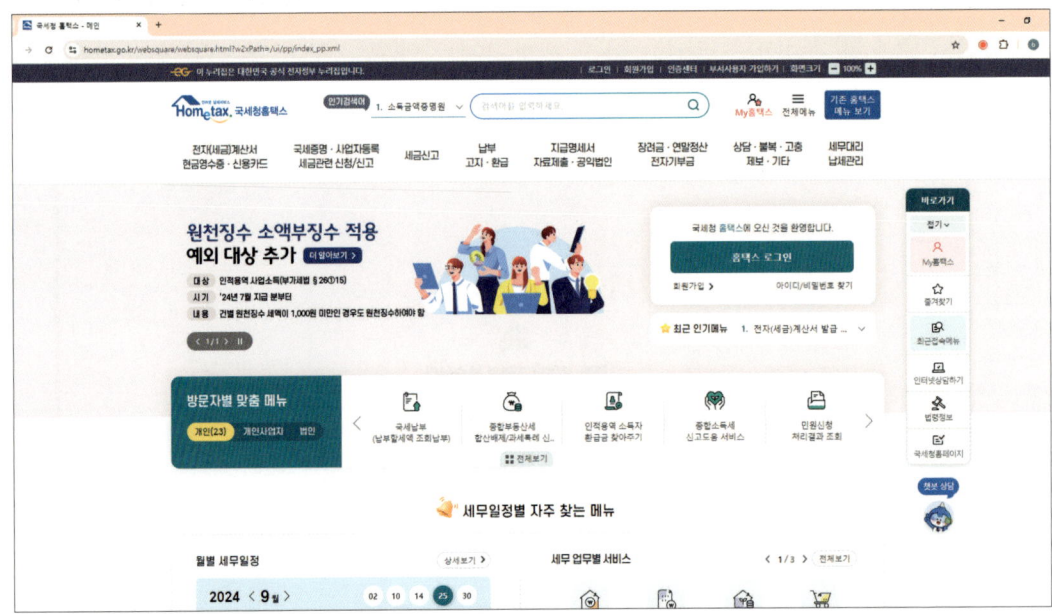

①홈택스 접속 및 로그인

홈택스 홈페이지에 접속 후 로그인합니다.

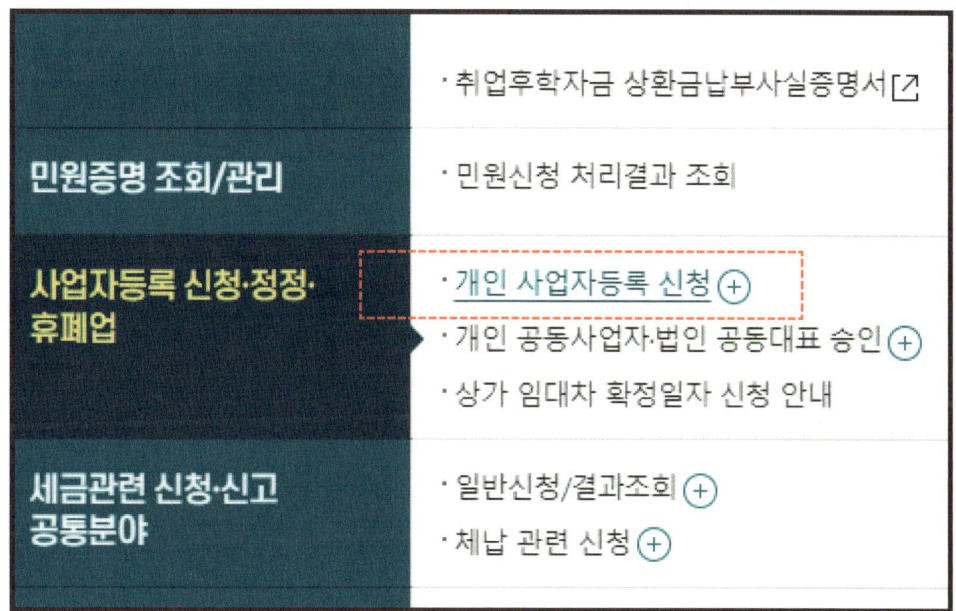

②사업자등록 신청 메뉴로 이동

홈택스 메인 화면에서 상단의 "국세증명·사업자등록 세금 관련 신청/신고" 메뉴를 클릭 후 "사업자등록 신청·정정·휴폐업" 메뉴 선택 "개인 사업자등록 신청" 버튼 "＋"을 클릭합니다.

개인 사업자등록 신청 메뉴를 클릭 후 "개인 사업자 등록"을 합니다.

신청 후 영업일 기준 1일 이후 홈택스 민원신청 처리결과 조회에서 사업자등록이 처리 완료되어 출력이 가능합니다.

신청 후 영업일 기준 1일 이후 홈택스 민원신청 처리결과 조회에서 사업자등록이 처리 완료되어 출력이 가능합니다.

사업자등록 출력을 PDF로 할 경우 컴퓨터에 저장이 가능합니다. 스마트스토어 가입 시 PDF 파일은 업로드가 되지 않아 파일 변환을 하는 것이 좋습니다.

파일변환 사이트 https://www.ilovepdf.com/ko 에서 PDF파일을 JPG파일로 변환이 가능합니다.

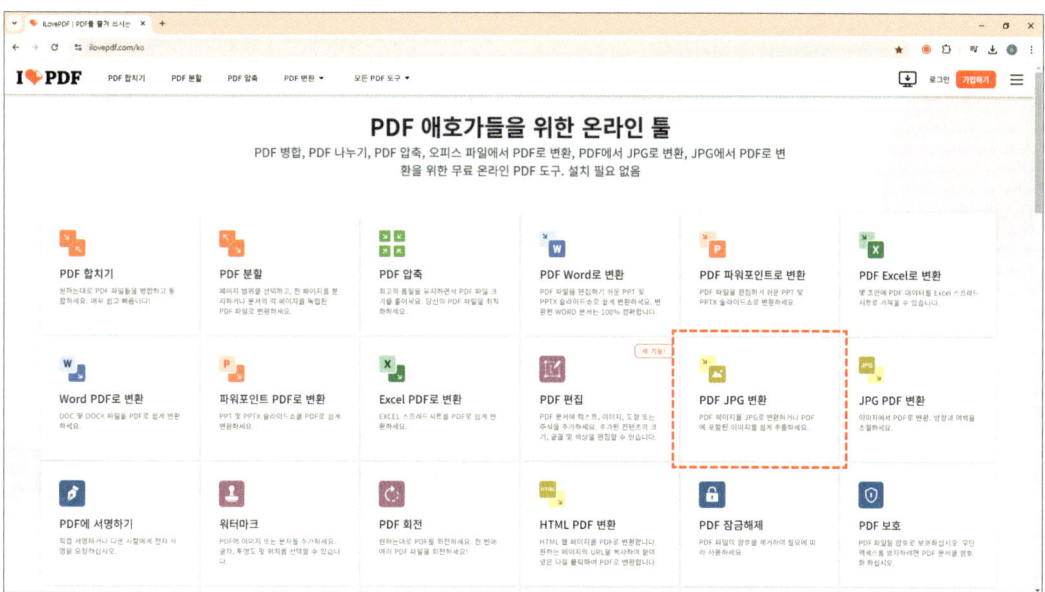

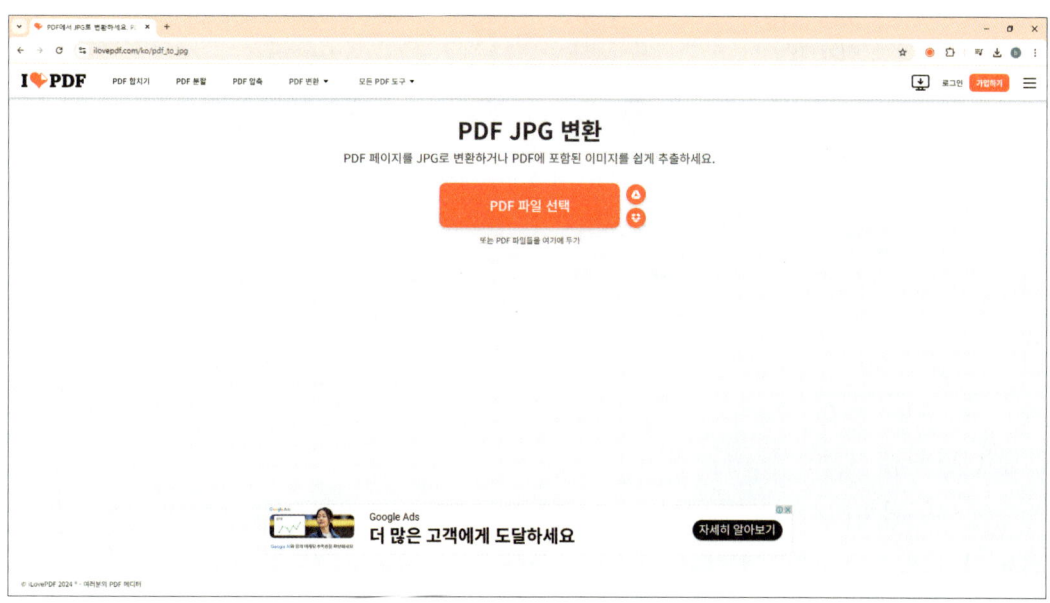

4. 통신판매업 신고증 온라인 발급 방법

통신판매업 신고증은 온라인에서 정부24를 통해 간편하게 발급받을 수 있습니다. 아래는 온라인으로 통신판매업 신고증을 발급하는 방법에 대한 단계별 설명입니다.

준비 사항

사업자등록 : 사업자등록번호를 입력해야 하므로 사업자등록이 있어야 합니다.

구매안전서비스 이용 확인증 : 통신판매업신고를 하려면 발급받은 사업자등록증으로 스마트스토어에 가입하면 스마트스토어센터에서 구매안전서비스 이용 확인증을 출력할 수 있습니다.

통신판매업 신고증 온라인 발급 방법

① 정부24 사이트 접속 및 로그인

정부24 홈페이지에 접속합니다.

https://www.gov.kr/portal/main/nologin

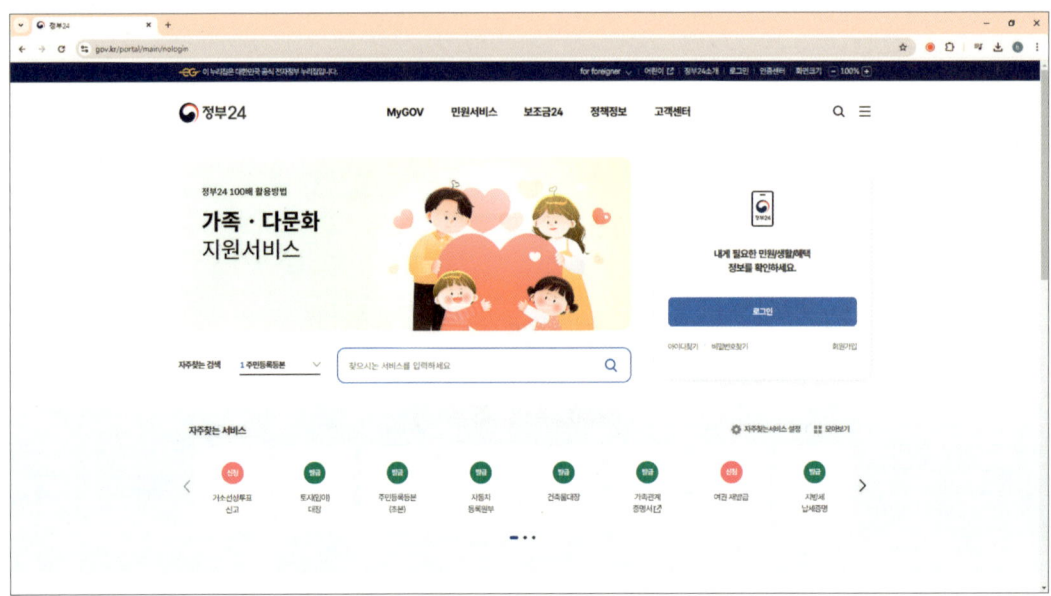

② 통신판매업 신고 신청 메뉴 찾기

상단의 "민원서비스" 메뉴에서 "통신판매업 신고"를 검색합니다.

검색 결과에서 통신판매업 신고 메뉴를 선택합니다.

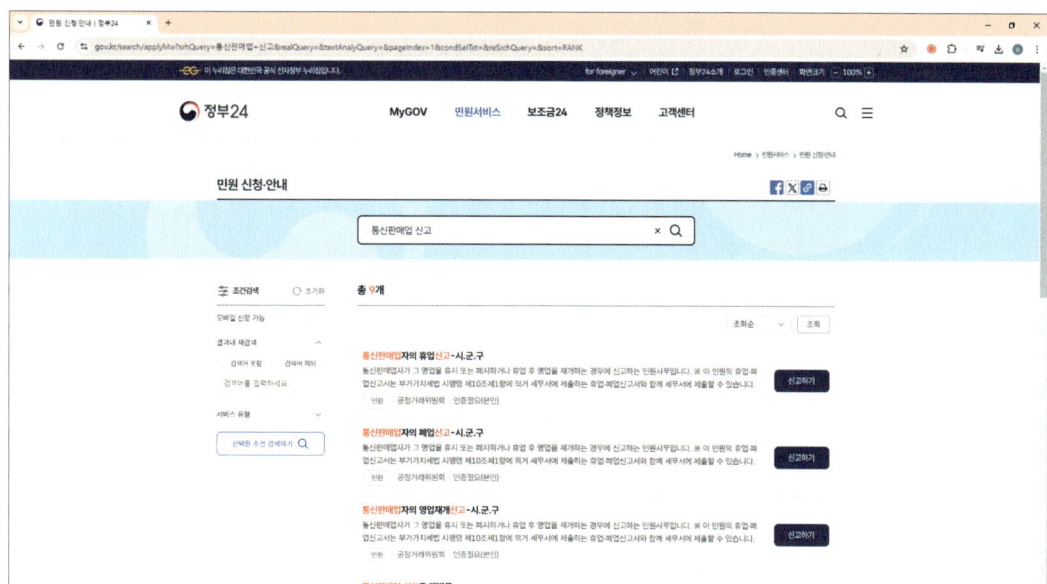

통신판매업 신고 검색에서 통신판매업 신고를 확인 후 발급하기 버튼을 클릭합니다.

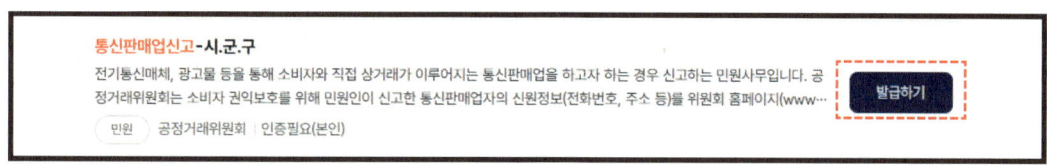

회원/비회원 신청이 가능하며 비회원 신청 시 공인인증서가 없더라도 간편 인증을 통해 간편하게 신청이 가능합니다

★ 네이버 검색창에서 "통신판매업 신고" 검색을 하면 쉽게 인터넷 신청 접수를 할 수 있습니다.

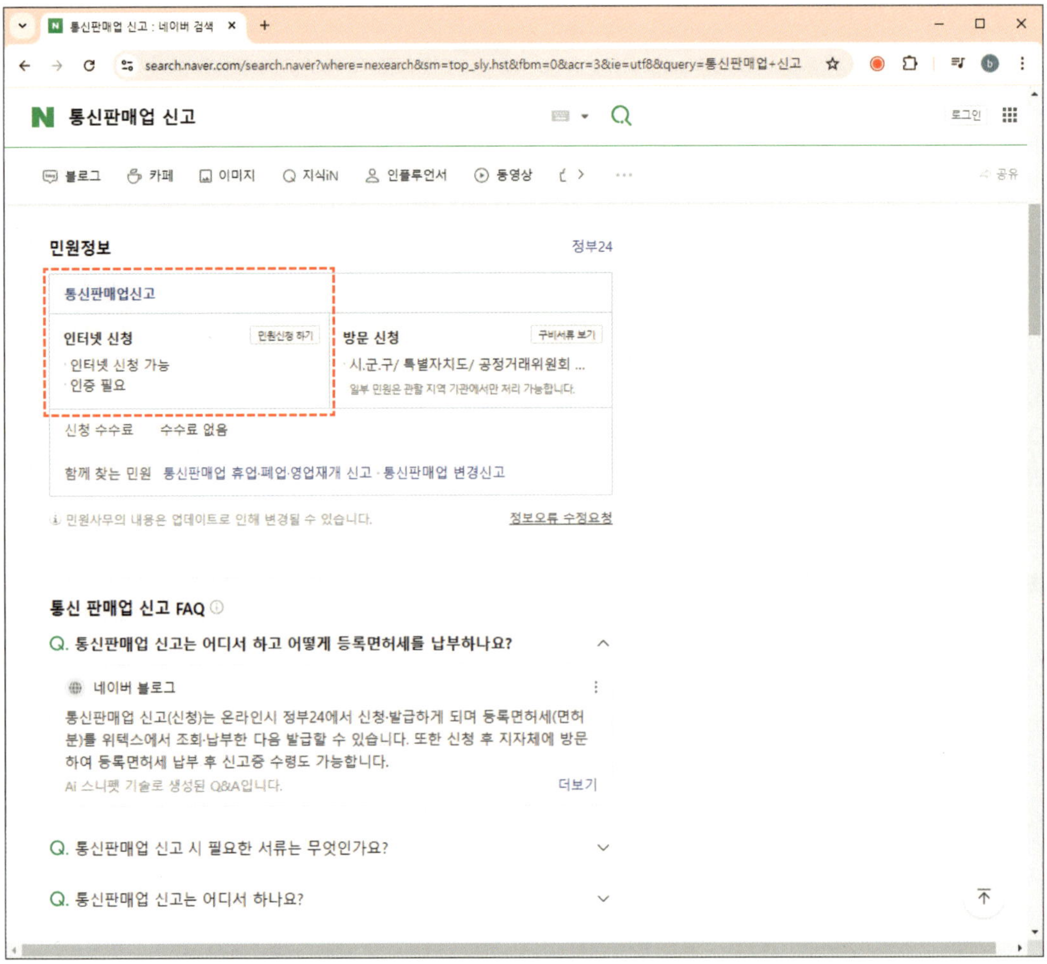

민원신청하기 버튼을 클릭하면 신청하기 화면으로 전환이 됩니다.

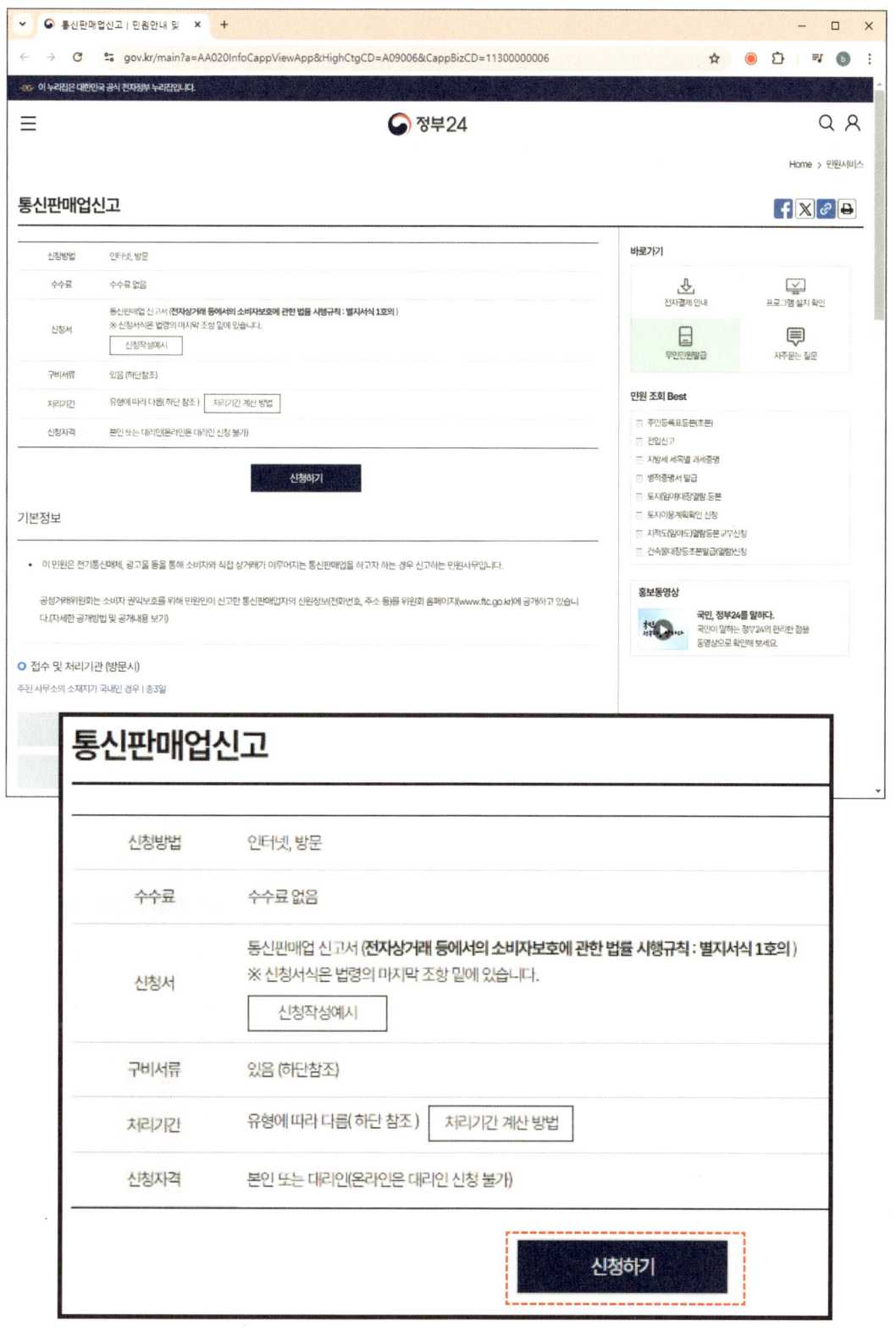

신청하기 버튼을 클릭하여 신청서 작성 페이지로 이동합니다.

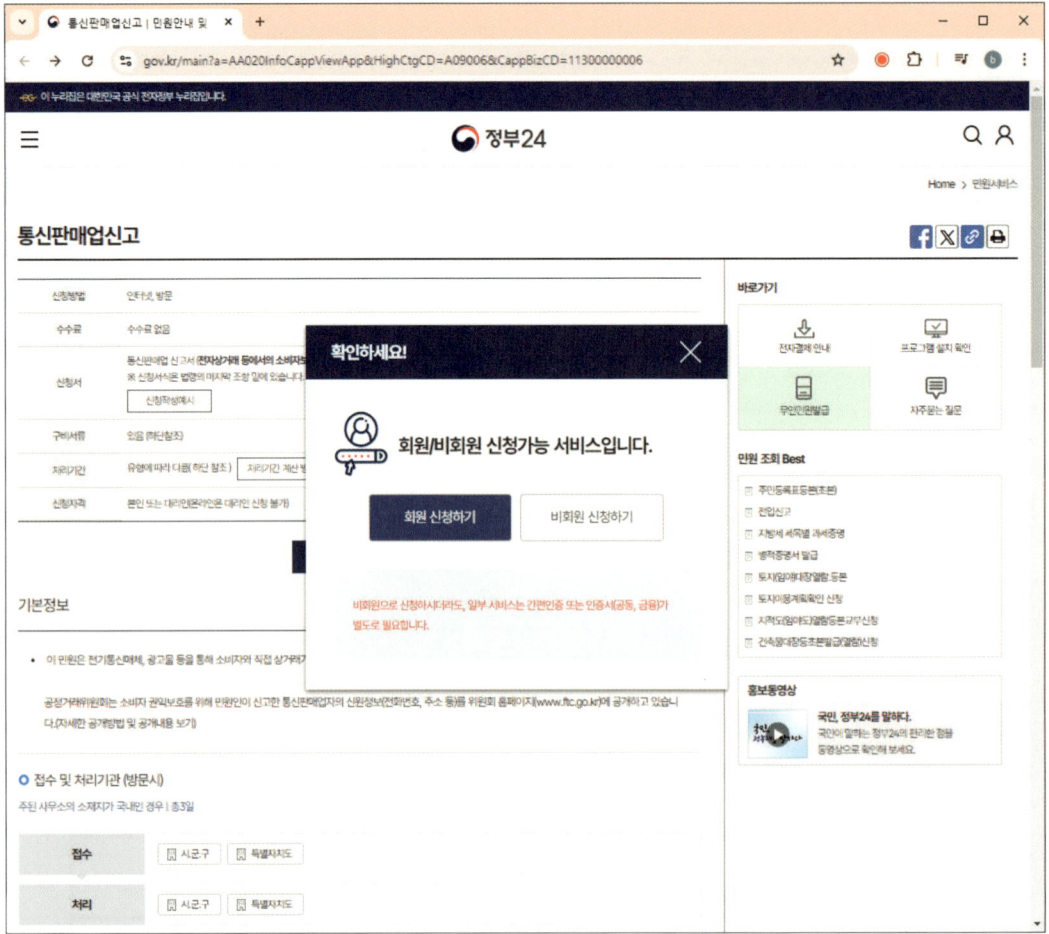

회원 신청하기와 비회원 신청하기 중 선택을 합니다.

비회원 신청하기를 할 경우 본인 인증이 필요한데 공인인증서 외에 카카오톡 등 다양한 인증 방법이 있으니 편리한 인증 방법을 선택해서 본인인증을 합니다.

본인인증을 마친 후 개인정보 동의 및 신청 작성을 합니다.

③ 신청서 작성

신청서를 작성할 때 필수 항목을 정확히 입력합니다. 주요 항목은 다음과 같습니다:

사업자등록번호 : 이미 발급받은 사업자등록증에 기재된 번호를 입력합니다.
통신판매업 형태 : 일반적으로 개인 사업자 또는 법인 사업자를 선택합니다.
대표자 정보 및 사업장 주소 : 사업장 정보와 대표자 정보를 정확히 입력합니다.

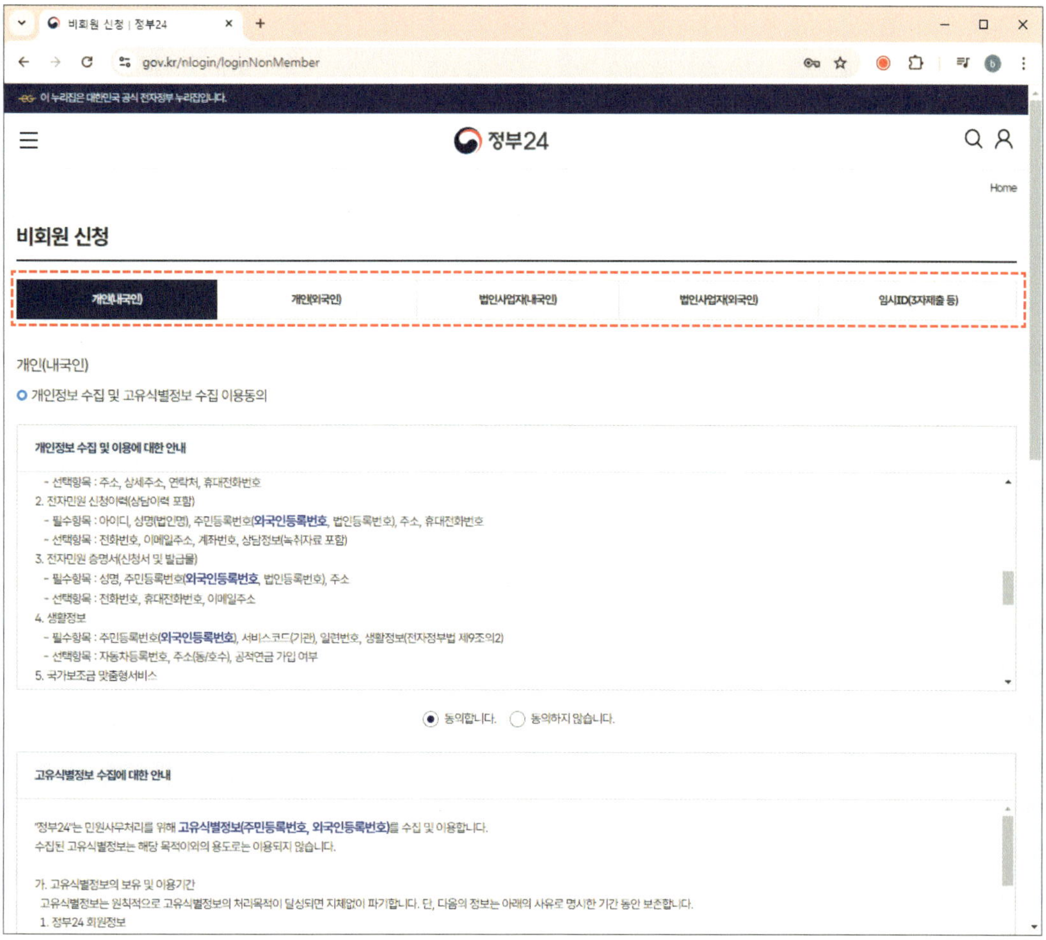

상단 메뉴 사업자 종류를 정확하게 선택 후 필수 동의 항목에 동의 체크를 합니다.
다음 화면에서는 통신판매업 신고 절차 안내 확인 후 신청서를 작성합니다.

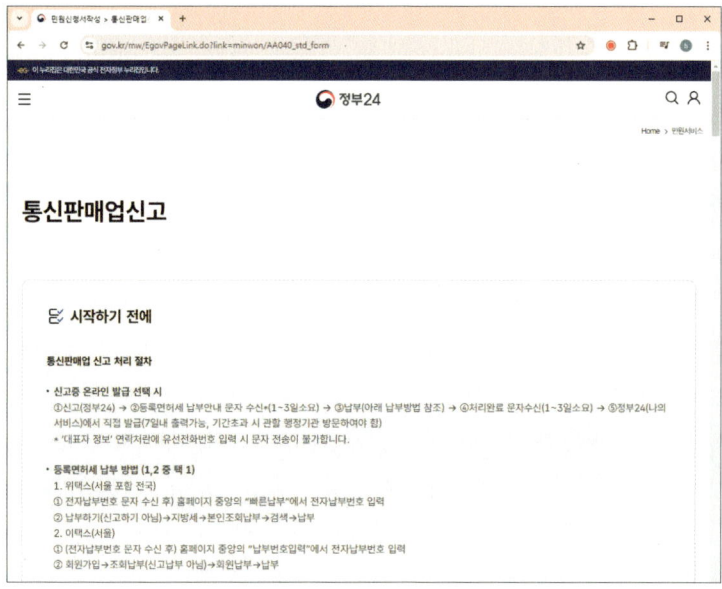

사업자 등록한 상호명과 사업자등록번호 등 정보를 입력합니다.

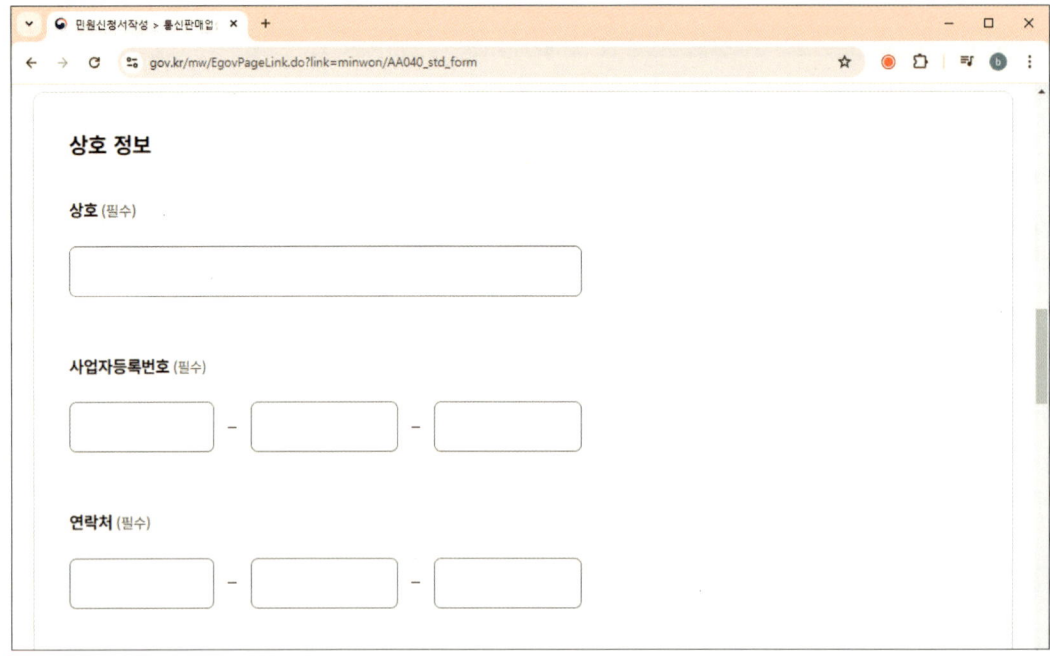

스크롤을 내려 필수항목을 모두 작성합니다. 인터넷 도메인 이름 작성은 스마트스토어 URL 주소를 입력하면 됩니다.

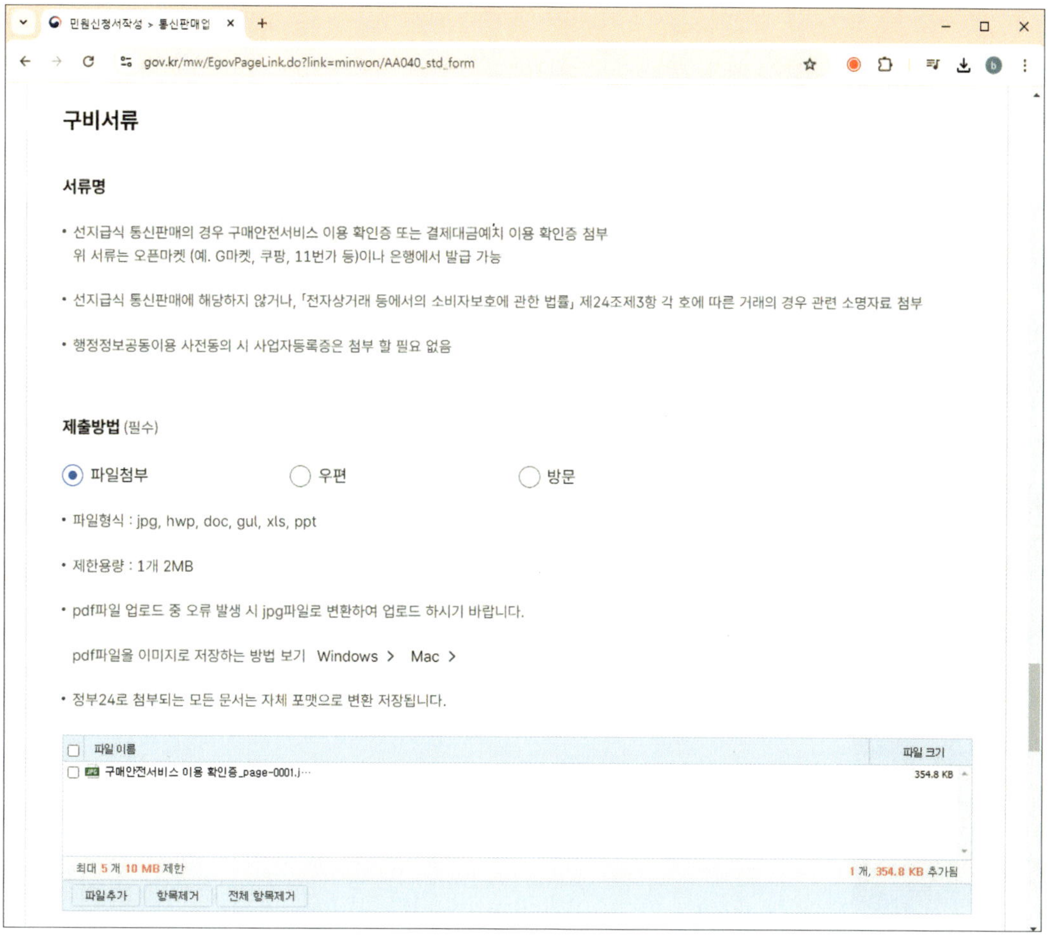

구비서류 제출은 필수입니다.

파일 추가 버튼을 클릭 후 제출 서류를 선택해서 파일을 첨부합니다.

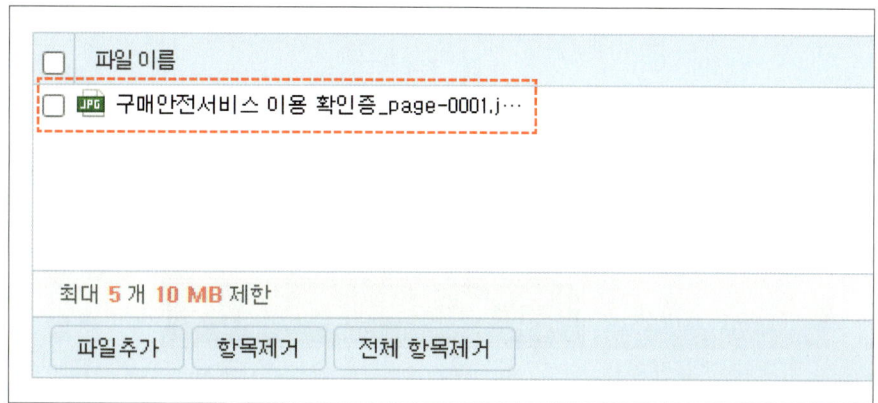

구매안전서비스 이용 확인증은 가입한 스마트스토어센터 "판매자 정보 / 판매자 관리 / 판매자 정보" 화면에 오른쪽 상단에 구매안전서비스 이용 확인증을 클릭하면 컴퓨터

에 저장이 가능합니다. (스마트스토어센터 구매안전서비스 버튼 화면 참고)
저장한 구매안전서비스 이용 확인증을 업로드 합니다.

스마트스토어센터 구매안전서비스 버튼 화면

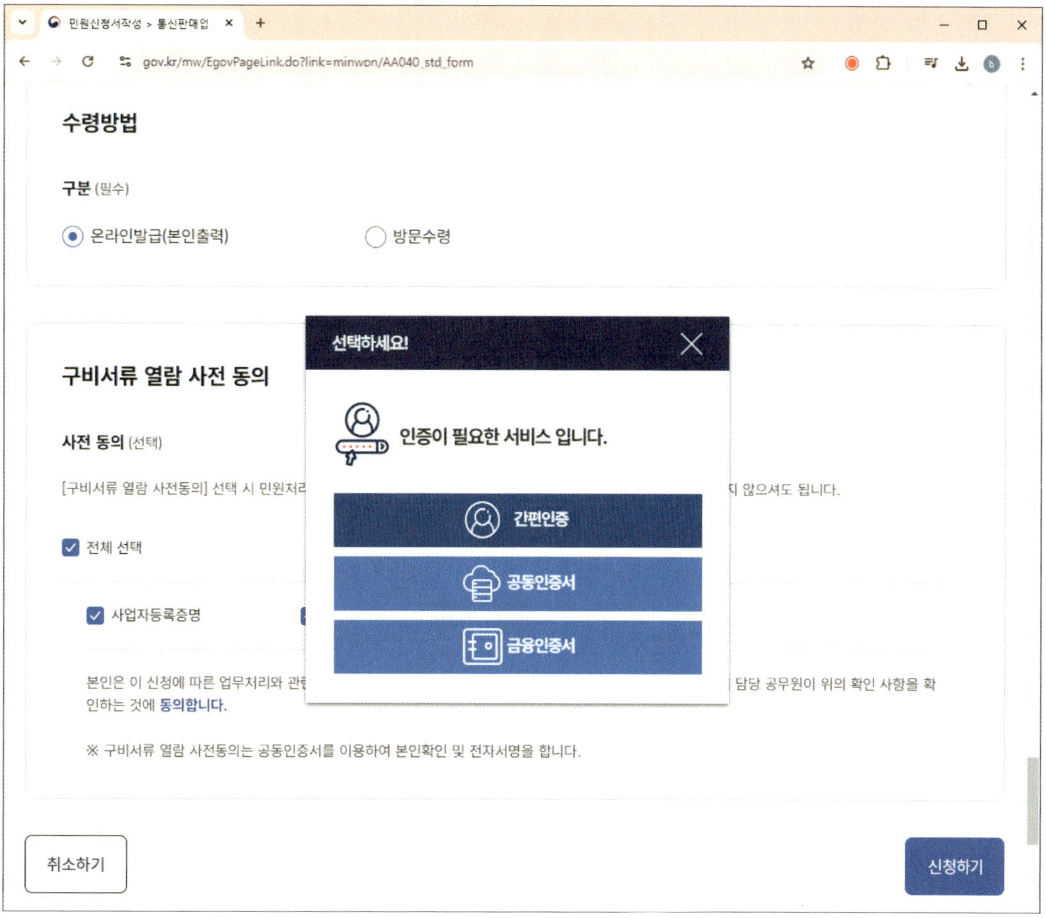

신청하기 버튼을 클릭하면 신청 작성이 완료되었습니다.

신청내역은 나의 신청내역에서 확인 가능하며 처리상태는 처리 중으로 되어 있습니다. 처리가 완료되면 출력이 가능한 상태이므로 온라인 판매를 위한 신청은 모두 완료가 되었습니다. 통신판매업 신고증을 저장 후 온라인판매 마켓 회원가입 시 제출하도록 합니다.

통신판매업 신고 후에 등록면허세 납부 안내 문자를 받게 됩니다. 통신판매업 등록면허세는 매년 1월에 납부하게 되니 1월에 통신판매업 신고를 하는 것이 비용을 절약할 수 있습니다. 등록면허세를 납부하면 통신판매업 신고증 처리가 완료되어 문서출력이 가능합니다.

◀통신판매업 신고증
통신판매업 신고증 상단에 "제"로 시작하는 번호가 신고 번호입니다.

이 신고 번호를 스마트스토어 센터 통신판매업 신고 번호에 입력하면 사업자 서류는 모두 등록이 완료됩니다.

스마트스토어센터에서 왼쪽 메뉴바 "판매자 정보"에서 "정보 변경 신청"을 선택합니다.

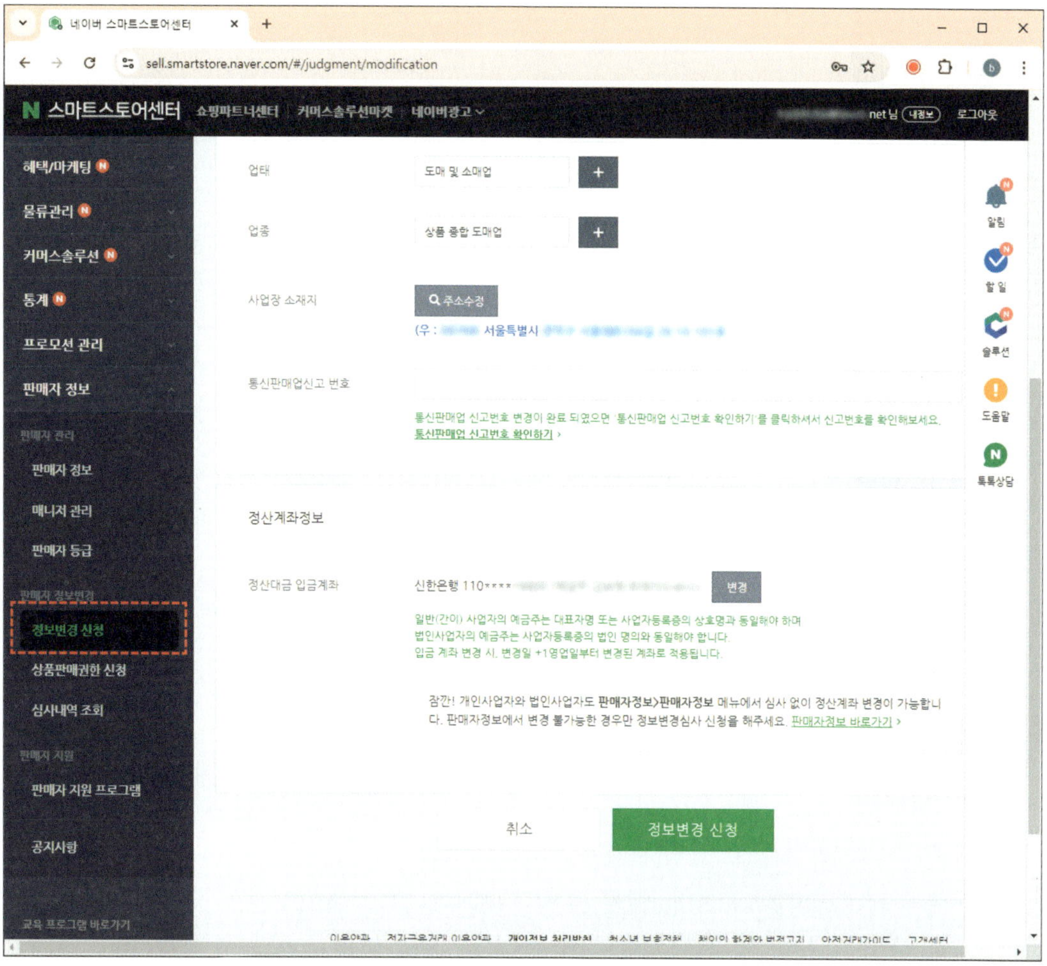

통신판매업 신고 번호 입력란에 "제~호" 번호를 입력합니다.

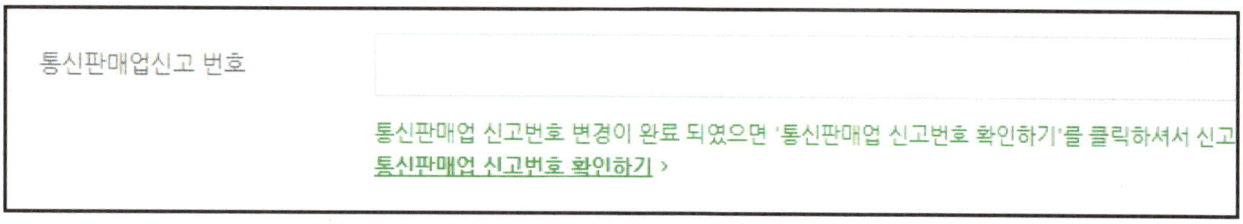

입력이 완료되면 검색창 컬러가 변경됩니다.

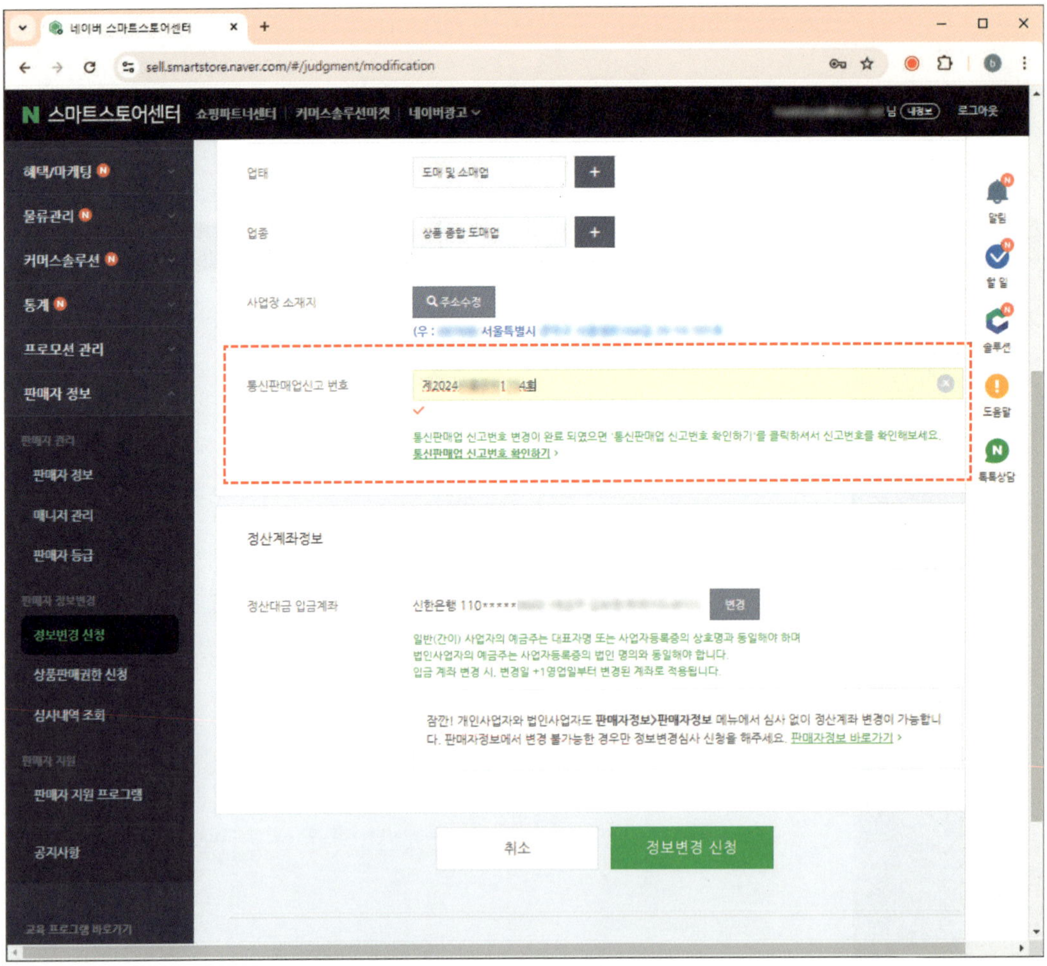

위 화면은 통신판매업 신고 입력 완료된 화면입니다.

입력 후에는 하단에 있는 "정보 변경 신청" 버튼을 클릭합니다.

정보 변경 신청 완료 문구 확인이 된다면 "심사 내역 버튼"을 클릭하면 진행 상태를 확인할 수 있습니다.

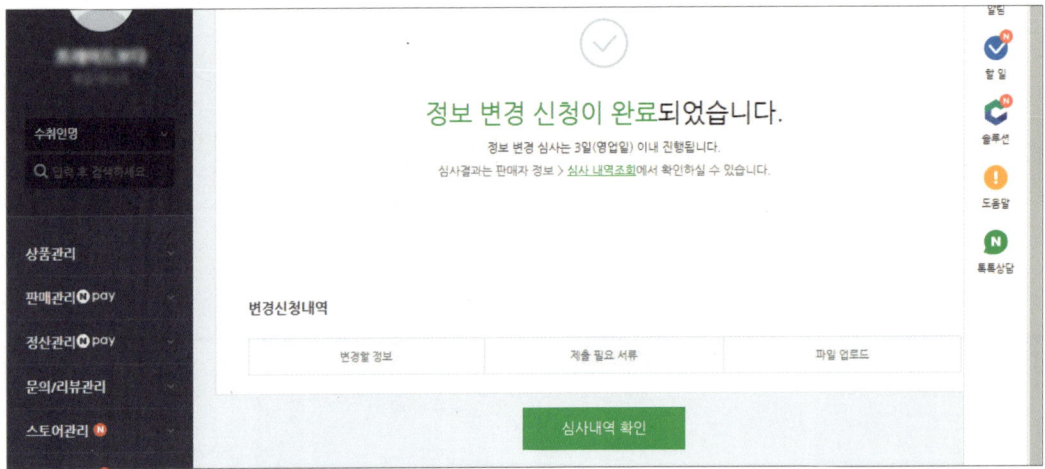

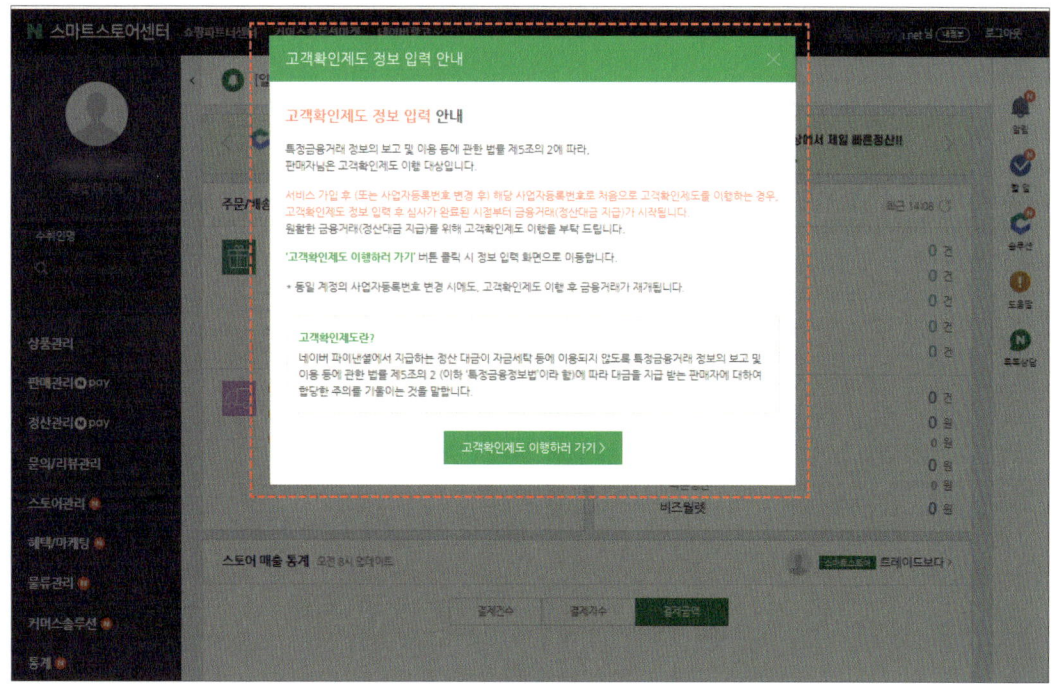

스마트스토어센터 팝업창 "고객확인제도 정보 입력"도 반드시 등록하도록 합니다. 고객확인제도 이행하러 가기 버튼을 클릭하면 고객 신원확인 입력대기 상태로 아직 심사가 완료되지 않은 것을 확인할 수 있습니다.

상품 판매와 원활한 정산이 이루어지기 위해서 사업자대표 개인 인증 및 계좌 정보 등록 인증을 하도록 합니다.

03.
스마트스토어 설정

3. 스마트스토어 설정

스마트스토어 관리자는 스토어 운영과 관리를 효율적으로 할 수 있도록 다양한 도구와 기능을 제공하는 플랫폼입니다. 이 관리 화면을 통해 판매자는 상품 등록, 주문 처리, 고객 응대, 통계 확인 등 여러 가지 작업을 한 곳에서 수행할 수 있습니다. 아래에서 스마트스토어 관리자 화면의 주요 기능을 단계별로 살펴보겠습니다.

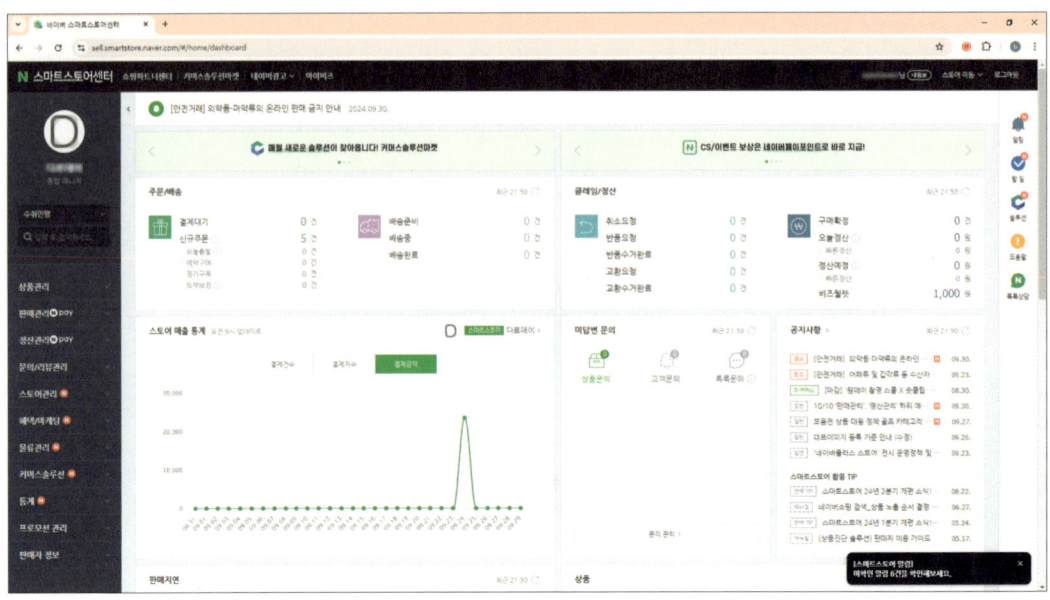

1. 스마트스토어 관리자 홈

관리자 홈은 스마트스토어 운영에 필요한 주요 정보를 한눈에 볼 수 있는 대시보드입니다. 여기에서는 주요 알림과 실시간 판매 현황을 확인할 수 있습니다.

스마트스토어 대시보드는 판매자에게 중요한 정보를 한눈에 확인할 수 있도록 제공하는 관리 화면입니다. 대시보드를 통해 주문 상태, 매출 현황, 방문자 수 등 스토어의 주요 운영 지표를 실시간으로 확인할 수 있습니다. 아래는 스마트스토어 대시보드에서 확인할 수 있는 주요 항목과 확인 방법을 단계별로 설명합니다.

스마트스토어 대시보드 접속

① 스마트스토어 센터 접속
네이버 스마트스토어센터에 접속합니다.

접속 URL : 스마트스토어센터

스마트스토어 계정으로 로그인합니다.

② 대시보드로 이동
로그인 후 스마트스토어 대시보드는 기본적으로 첫 화면에 나타납니다.

대시보드에서 현재 스토어의 주요 지표를 실시간으로 확인할 수 있습니다.

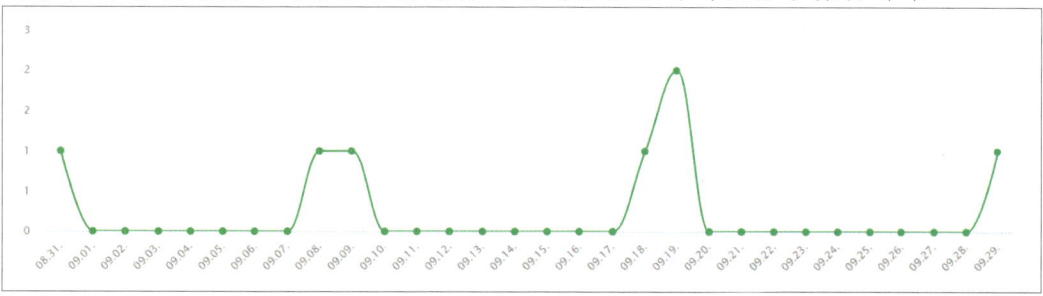

대시보드에서 확인할 수 있는 주요 항목

① 주문 및 배송 현황
실시간 주문 상황을 한눈에 볼 수 있습니다. 주문이 들어오면 미처리 주문 건수가 표시되며, 클릭하면 주문 관리 페이지로 바로 이동할 수 있습니다.

배송 준비 중인 상품과 배송 완료된 상품의 상태를 한눈에 확인할 수 있습니다.

② 매출 현황

일별 매출 데이터를 확인할 수 있습니다. 그래프로 표시되며, 최근 매출 추이를 쉽게 파악할 수 있습니다.

매출과 관련된 주요 통계는 다음과 같습니다:
- 총매출액
- 환불/취소 금액
- 순매출액

③ 리뷰 및 고객 피드백

대시보드에서 리뷰와 평점 현황을 확인할 수 있습니다. 최근 작성된 리뷰나 평점을 한눈에 볼 수 있으며, 고객 리뷰에 빠르게 응답할 수 있습니다.

긍정적/부정적 리뷰를 구분해서 관리할 수 있어, 리뷰 관리에 유리합니다.

스마트스토어 대시보드의 주요 기능

① 데이터 조회

대시보드에서 기본적으로 월간 데이터를 볼 수 있습니다. 이를 통해 월간 매출 추이와 방문자 변화를 분석할 수 있습니다.

② 주문 상태 바로 가기

대시보드에서 주문 상태를 클릭하면 해당 주문 페이지로 바로 이동하여 주문 관리를 할 수 있습니다. 이는 주문 처리 속도를 높이는 데 도움이 됩니다.

대시보드 활용 팁

- 정기적인 매출 추이 분석

대시보드에서 제공하는 매출 그래프를 활용해 일간, 주간, 월간 매출을 분석하고, 성수기/비수기에 따라 전략을 수정합니다.

- 주문과 리뷰 관리에 신속히 대응

대시보드를 자주 확인하여 미처리 주문이나 고객 리뷰에 신속히 대응하면, 고객 만족도를 높일 수 있습니다.

- 방문자 유입 경로 분석

방문자 수와 유입 경로를 분석하여, 네이버 검색 광고나 외부 마케팅 전략을 최적화하는 데 활용할 수 있습니다.

스마트스토어 대시보드에 로그인하면 주문 상태, 매출 현황, 방문자 수 등을 실시간으로 확인할 수 있습니다.
매출 분석, 리뷰 관리 등 다양한 데이터를 대시보드에서 쉽게 관리할 수 있습니다.
기간별 데이터 조회 및 상품별 분석 기능을 활용해 스토어의 성과를 평가하고, 빠르게 주문 처리 및 고객 피드백에 대응할 수 있습니다.

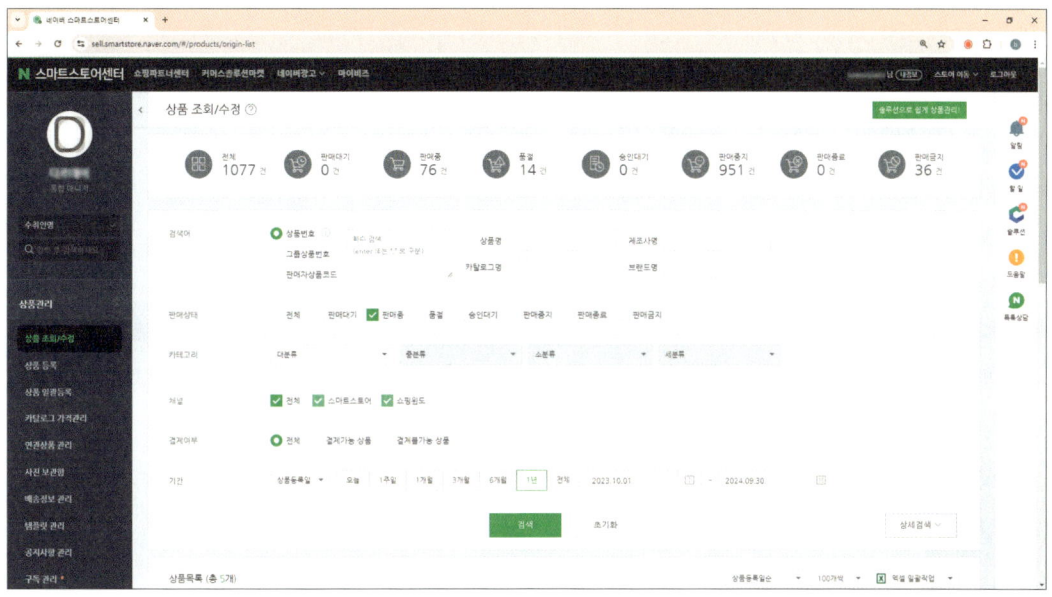

2. 상품 관리

상품 관리 메뉴에서는 상품 등록, 수정, 삭제와 같은 작업을 수행할 수 있습니다. 스토어에 등록된 모든 상품을 효율적으로 관리할 수 있으며, 새로운 상품을 추가하거나 기존 상품의 정보를 변경할 수 있습니다.

상품 등록

새로운 상품을 등록하는 메뉴입니다. 여기서 상품명, 가격, 카테고리, 옵션, 이미지, 설명 등을 설정할 수 있습니다.

상품 수정
이미 등록된 상품의 정보(가격, 설명, 이미지 등)를 수정하거나 변경할 수 있습니다.

상품 관리 리스트
모든 등록된 상품을 한눈에 볼 수 있는 리스트가 제공되며, 상품 상태(판매 중, 품절 등)를 확인하고 관리할 수 있습니다.

옵션 상품 관리
다양한 옵션이 있는 상품(예: 색상, 사이즈)을 등록하고 관리할 수 있습니다.
이 메뉴에서는 신상품 등록과 기존 상품 관리가 주로 이루어지며, 재고 상태와 상품 상태를 실시간으로 파악할 수 있습니다.

3. 주문 및 배송 관리

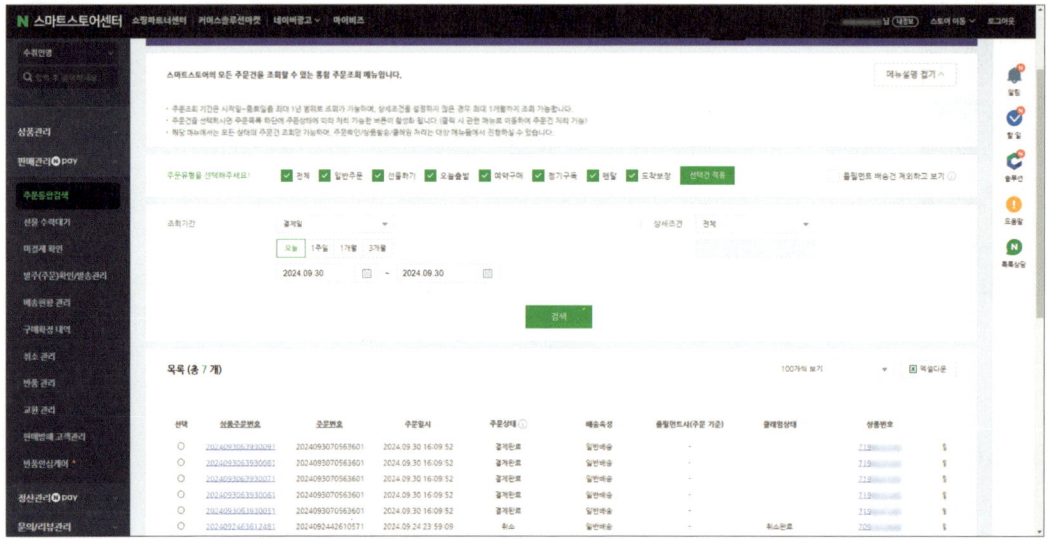

주문 관리는 고객이 주문한 상품을 처리하는 과정에서 가장 중요한 메뉴입니다. 주문 상태를 확인하고, 주문 접수, 배송 준비, 발송 등의 작업을 처리할 수 있습니다.

주문 현황 확인
고객이 주문한 상품의 목록과 주문 상태(접수, 결제 완료, 배송 준비 중 등)를 확인할 수 있습니다.

배송 처리
배송 준비가 완료된 상품을 발송하고, 운송장 번호를 입력하여 고객이 배송 상태를 추적할 수 있게 합니다.

환불/교환 관리
고객이 요청한 환불이나 교환을 처리할 수 있으며, 이에 대한 상태를 관리할 수 있습니다.

배송비 관리
배송비 설정과 배송 옵션을 관리할 수 있으며, 주문 유형별로 배송비를 수정할 수 있습니다.

이 메뉴는 고객의 주문을 처리하고 배송 현황을 관리하는 데 중요한 역할을 합니다. 빠른 주문 처리와 고객 응대가 가능하도록 효율적으로 설계되어 있습니다.

4. 고객 관리

고객 관리 메뉴는 고객과의 소통을 원활하게 하고, 고객의 만족도를 높이기 위한 다양한 도구를 제공합니다. 고객이 남긴 리뷰나 질문에 응답하고, 고객의 문의 사항을 해결할 수

있습니다.

리뷰 관리
고객이 상품에 남긴 리뷰를 확인하고, 리뷰에 답글을 남길 수 있습니다. 고객의 긍정적인 리뷰에는 감사 인사를 남기고, 부정적인 리뷰에는 해결책을 제시할 수 있습니다.

Q&A 관리
고객이 상품이나 서비스에 대해 남긴 질문에 답변할 수 있습니다. 고객의 문의 사항을 빠르게 처리하는 것이 중요합니다.

쿠폰 발행 및 관리
고객 유입을 늘리기 위해 할인 쿠폰을 발행할 수 있으며, 발행한 쿠폰의 사용 현황을 관리할 수 있습니다.

이 메뉴는 고객과의 커뮤니케이션을 관리하며, 고객 만족도를 높이고 재구매를 유도하는 데 도움을 줍니다.

5. 통계 및 분석

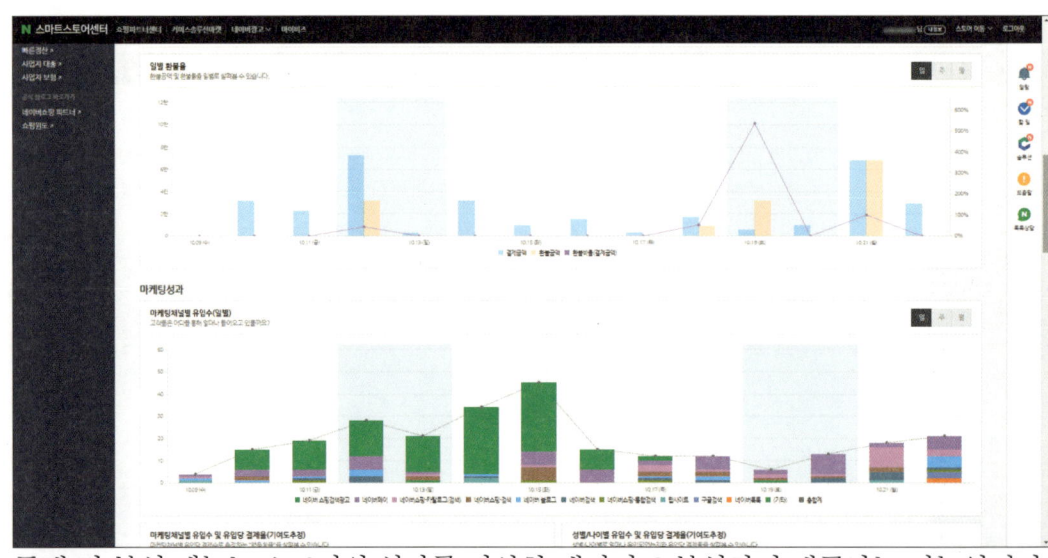

통계 및 분석 메뉴는 스토어의 성과를 다양한 데이터로 분석하여 제공하는 기능입니다. 이 메뉴를 통해 매출, 방문자 수, 고객 행동 패턴 등을 확인할 수 있습니다.

매출 통계
일별, 주별, 월별 매출을 확인하고, 특정 기간의 매출 변화 추이를 볼 수 있습니다.

방문자 통계
스토어에 방문한 고객 수와 그들의 행동 패턴(예: 페이지 체류 시간, 클릭 수)을 분석할 수 있습니다.

상품별 판매 통계
특정 상품의 판매량과 판매 비율을 확인할 수 있으며, 어떤 상품이 인기 있는지를 파악할 수 있습니다.

광고 성과 분석
네이버 광고를 사용 중이라면, 광고 클릭 수, 전환율, 광고 효율 등을 분석할 수 있습니다. 이 메뉴는 데이터 기반의 의사결정을 도와주며, 스토어 운영에 필요한 다양한 지표를 제공하여 판매 전략을 개선할 수 있게 합니다.

6. 정산 관리

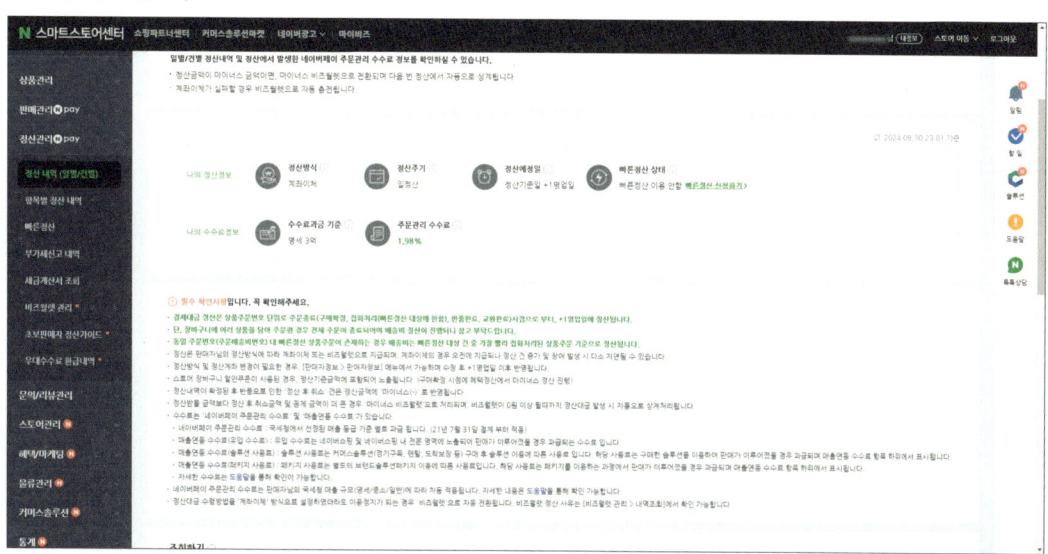

정산 관리는 판매 대금의 수익 정산과 관련된 메뉴입니다. 판매된 상품의 결제 내역을 확인하고, 판매 수익이 정산되는 날짜와 금액을 확인할 수 있습니다.

판매 대금 확인

판매된 상품의 수익 내역을 확인할 수 있습니다. 판매된 날짜와 결제 금액, 정산 예정 금액 등을 볼 수 있습니다.

정산 내역 관리
정산된 금액과 입금된 내역을 확인할 수 있으며, 매출과 수익에 대한 기록을 조회할 수 있습니다.

세금계산서 발급
사업자의 경우, 세금계산서를 발급하고 관리할 수 있습니다.

네이버페이 주문관리 수수료(VAT 포함)

매출액에 따른 구분	매출액 기준	수수료
영세	~3억 원	1.980%
중소1	3억 ~ 5억 원	2.585%
중소2	5억 ~ 10억 원	2.750%
중소3	10억 ~ 30억 원	3.025%
일반		3.630%

VAT 포함 수수료입니다.

네이버페이 주문 관리 수수료는 국세청 기준의 매출 규모(영세/중소/일반)에 따라 차등 적용됩니다. 따라서 스마트스토어 매출 외에 부동산이나 다른 사업에서 매출이 있으면 국세청 매출 규모에 따라 스마트스토어 수수료 기준이 달라질 수 있습니다.
자세한 수수료 내용은 [스마트스토어센터 > 정산관리 > 정산 내역 (일별/건별)] 메뉴에서 확인할 수 있습니다.

스타트 제로수수료

구분	주문 관리 수수료 지원	매출 연동 수수료 지원
지원 기간	승인일 기준 익일부터 최대 12개월간 지원	승인일 기준 익일부터 최대 6개월간 지원
지원 내용	주문 관리 수수료 0% 적용	매출 연동 수수료 0% 적용
지원 한도	매월 순결제 금액 500만원까지	한도 없음

스타트 제로수수료는 사업 초기 단계의 판매자에게 주문 관리 수수료를 12개월간, 매출 연동수수료를 6개월간 무료로 지원하여 사업 초기 안정화를 돕는 판매자 지원 프로그램입니다.

스마트스토어센터 [판매자 정보 > 판매자 지원 프로그램 > 스타트 제로수수료]에서 신청 및 내용 확인이 가능합니다.

▶네이버 스마트스토어센터 스타트 제로수수료안내를 참고한 내용입니다.

네이버 스마트스토어가 다른 온라인 마켓보다 창업으로 적합한 이유는 수수료일 것입니다. 10% 내외 수수료를 부과하는 다른 마켓에 비해 저렴한 수수료와 스타트제로수수료등의 혜택으로 사업을 시작하는 창업자들로 하여금 수수료에 대한 부담 없이 경쟁력 있게 판매가 가능하기 때문입니다.

스마트스토어 수수료와 스타트 제로수수료에 대한 기준은 네이버 정책에 따라 달라질 수 있고 유의 사항과 신청 승인 조건 등이 있으니 반드시 스마트스토어센터에서 해당 내용을 참고하시길 바랍니다.

04.
스마트스토어 상품 등록

4. 상품 등록

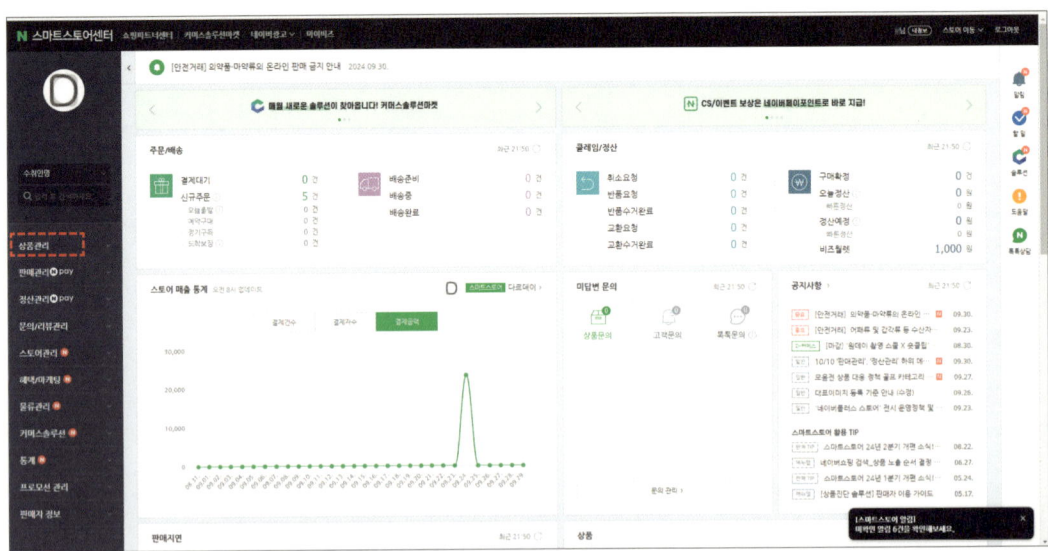

스마트스토어에서 상품 등록의 기본 단계

스마트스토어에서 상품을 등록하는 과정은 고객에게 상품을 효과적으로 보여주는 중요한 절차입니다. 상품명, 설명, 이미지 등을 꼼꼼하게 설정해야 검색 노출과 판매로 이어질 수 있습니다. 아래는 스마트스토어에서 상품을 등록하는 기본 단계를 설명한 가이드입니다.

스마트스토어 상품 등록

1️⃣ 네이버 스마트스토어 관리자 페이지에 로그인합니다.
2️⃣ 좌측 메뉴에서 **상품 관리 → 상품 등록**을 클릭합니다.
3️⃣ 상품 등록하기 버튼을 클릭하여 상품을 등록하는 과정을 시작합니다.

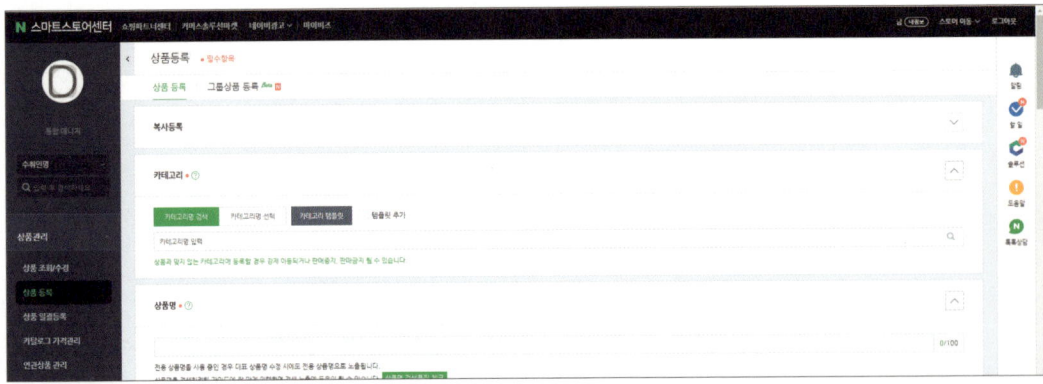

58. 상품 등록 및 관리

1. 카테고리

카테고리 등록은 **카테고리 명 검색**과 **카테고리 명 선택** 2가지 중 1가지를 선택해서 등록하면 됩니다

카테고리 명 검색은 검색창에 카테고리 명을 직접 입력하면 되는데 "원피스" 제품을 판매할 경우 카테고리 검색창에 "원피스"라고 입력을 합니다.

"원피스" 검색어가 포함된 카테고리가 모두 보이게 되는데 이때 판매하려는 제품과 일치하는 카테고리를 선택하면 됩니다.

카테고리는 대분류> 중분류> 소분류 형태로 보여지기 때문에 검색어명 확인 외에 대분류부터 소분류까지 확인을 하고 선택하면 됩니다. 검색어에 입력할 땐 엔터를 클릭하지 않고 글자만 입력했을 때 관련 카테고리 리스트가 보여지며 연관 카테고리를 확인할 수 있습니다

카테고리 명 선택은 대분류부터 순차적으로 선택을 하면 되는데 대분류에서 해당 카테고리 클릭하면 중분류 카테고리가 보이고 중분류 카테고리 명을 선택하면 소분류 카테고리가 차례로 보여서 차례대로 클릭하며선택하면 됩니다

대분류 중분류 카테고리를 정확하게 알고 있지 않다면 카테고리를 찾기 쉽지 않습니다.

<대분류 선택>

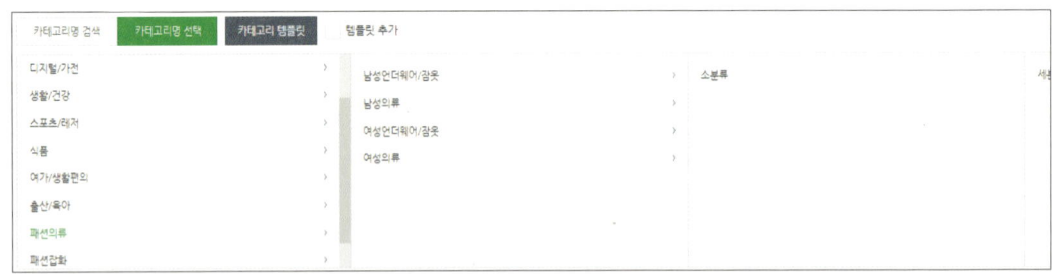
<중분류 선택>

상품의 카테고리를 정확하게 선택해야 상품이 적절한 위치에 노출되고, 고객이 쉽게 찾을 수 있습니다. 상품 특성에 맞는 대분류와 세부 분류를 정확히 선택하세요.
예) 패션의류 → 여성 의류 → 원피스

2. 상품명

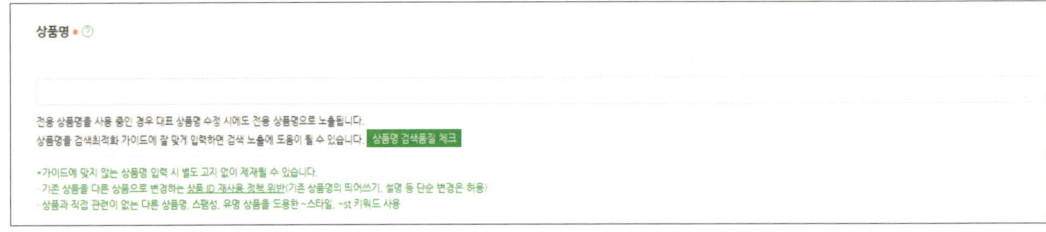

상품명은 고객이 검색 시 가장 먼저 보게 되는 중요한 요소입니다. 상품명을 정확하고 명확하게 작성하여 검색 노출을 높이고 고객의 관심을 끌 수 있도록 합니다.

★고객이 자주 검색하는 핵심 키워드(제품 종류, 소재, 색상 등)를 상품명에 포함하세요.

스마트스토어 상품명 작성 시 권장되는 글자 수는 30자 이내입니다. 이는 PC와 모바일 화면에서 모두 잘 보이도록 하기 위한 기준입니다. 상품명이 너무 길면 검색 결과 페이지나 목록에서 잘리거나 가독성이 떨어질 수 있기 때문에, 가능한 간결하고 핵심적인 정보만 포함하는 것이 좋습니다.

상품명을 작성할 때는 중요한 키워드와 상품의 주요 특징을 포함하되, 불필요한 정보는 제외하는 것이 좋습니다. SEO를 고려하면서도 고객에게 상품의 핵심 정보를 빠르게 전달할 수 있도록 신경 써야 합니다.

키워드 데이터 분석
키워드 도구를 사용해 고객이 자주 검색하는 키워드를 파악하세요. 네이버 키워드 도구나 쇼핑 트렌드 분석 툴을 활용하면 각 키워드의 검색량, 경쟁도 등을 확인할 수 있습니다.

키워드 분석 시, 주요 키워드와 롱테일 키워드(세부 키워드)를 모두 사용해 검색 결과에서 더 많이 노출될 수 있도록 합니다.
주요 키워드 : 널리 사용되는 일반 키워드. (예 : "핸드폰 케이스")
롱테일 키워드 : 구체적인 검색어를 타겟으로 한 세부 키워드. (예 : "방수 아이폰 13 프로 맥스 핸드폰 케이스")

경쟁 분석
경쟁 상품들의 상품명을 분석하고, 그들과 차별화되는 요소를 파악하세요. 경쟁 상품의 제목에서 자주 등장하는 단어나 구조를 확인하고, 고객이 어떤 상품명을 선호하는지 분석합니다.

이를 통해 어떤 키워드가 트렌드인지, 경쟁이 치열한 키워드인지 파악할 수 있습니다. 경쟁도가 높은 키워드는 피하거나, 롱테일 키워드로 차별화하는 방법도 유용합니다.

검색 엔진 최적화(SEO)
SEO에 맞는 상품명을 작성하는 핵심 요소는 관련 키워드를 제목 앞부분에 배치하고, 자연스럽게 상품의 특징을 반영하는 것입니다.
SEO 적용 시 체크리스트 검색 결과에서 제목의 앞부분이 먼저 보이므로 중요한 키워드를 앞에 배치합니다.

예) "아이폰 14 케이스 | 충격 방지 | 실리콘 소재"

중복 키워드 피하기 : 동일한 키워드를 반복적으로 사용하는 것은 검색 엔진에서 과잉으로 인식될 수 있습니다. 다양한 연관 키워드를 조합해 사용하세요.
예) "아이폰 14 케이스" 대신 "아이폰 14 보호 케이스", "충격 방지 커버" 등으로 변형

고유 키워드 추가 : 경쟁이 치열한 키워드와 함께 해당 제품만의 고유한 특징을 나타내는 키워드를 추가합니다. 예를 들어, 제품의 색상, 소재, 크기 등의 특징을 명시하여 구체화합니다.
예) "아이폰 14 실리콘 방수 케이스 | 블루 컬러 | 충격 방지"

★쉽게 설명을 구분하기 위해 예시에서는 특수기호가 표기되어 있지만 상품명을 등록할 경우에는 특수기호는 사용하지 않습니다.

상품명을 작성했다면 상품명 검색 품질 체크 버튼을 클릭해서 "검색 품질 체크 항목에 맞게 잘 입력되었습니다." 라는 문구를 확인합니다.

상품명 검색품질 체크

3. 상품가격

<판매가 작성 화면>

판매가 : 상품의 기본 판매 가격을 입력합니다

구매자가 확인하는 화면에서 제목 오른쪽에 빨간색으로 표기된 가격을 확인할 수 있습니다. 예) 판매가 9,800원

<판매가 적용 된 스토어 구매자 화면>

<할인가 설정 판매가 작성 화면>

할인가 : 할인을 제공하는 경우, 할인가를 설정하여 고객에게 할인 혜택을 표시할 수 있습니다. 예) 판매가 : 4,000원 / 할인가 : 20원

<판매가 적용 스토어 구매자 화면>

판매가격만 작성할 때와 다르게 할인이 적용된 판매가 설정은 판매가격 4,000원에 줄이 그어지고 할인된 가격이 빨간색으로 표기된 것을 확인할 수 있습니다.
할인된 가격으로 표기가 되어 구매자 입장에서는 할인 혜택이 적용된 것으로 보입니다.

4. 재고수량

재고수량은 숫자 표기로 "1"개 이상 등록하도록 합니다. 정확한 수량을 작성할 경우 상품의 재고가 없으면 자동으로 품절 상태로 변경되고 고객이 주문할 수 없습니다. 만약 지속적으로 제품 수량이 입고되는 제품이라면 "9999"처럼 큰 수를 입력한다면 수량 확인 등록을 자주 하지 않아도 되니 편리하게 관리할 수 있습니다.

5. 옵션 상품 설정

옵션을 사용하지 않을 경우 "선택형 : 설정 안 함"으로 선택합니다

"선택형 : 설정함" 선택할 경우 옵션 등록을 할 수 있도록 숨겨진 등록 화면이 보입니다.

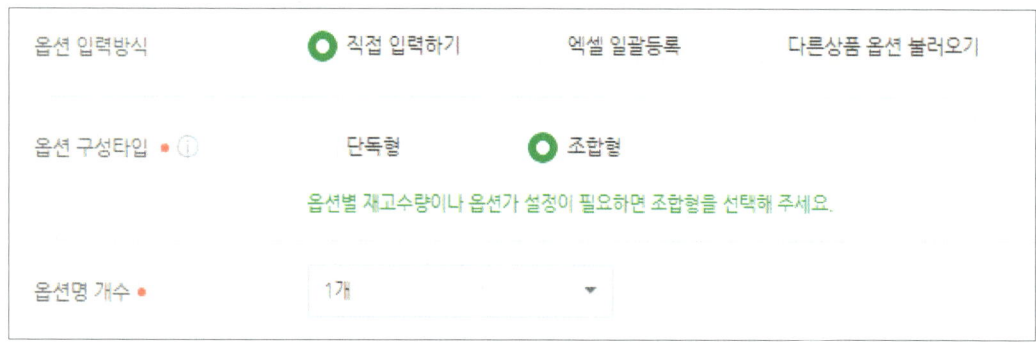

옵션 입력방식은 "직접입력방식"을 선택하고 옵션 구성 타입은 '조합형'을 선택합니다.

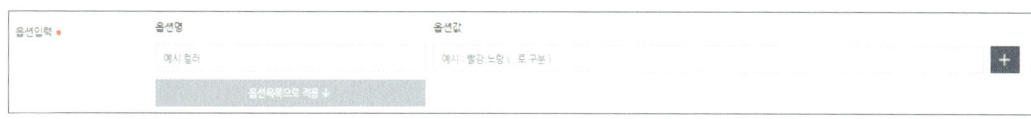

옵션 명 개수는 제품에서 선택할 사항이 몇 개인지 선택합니다.

예를 들어 원피스를 판매할 경우 디자인과 컬러는 선택사항이 없고 사이즈 종류만 선택할 수 있다면 옵션 명 개수는 1개를 선택하면 됩니다. 컬러와 사이즈 각각 선택할 수 있다면 옵션 명 개수는 2개를 선택하면 됩니다

옵션 입력은 옵션 명과 옵션값으로 이루어져 있는데 옵션 명이 "컬러" 일 경우 옵션값은 컬러 종류를 작성합니다. "레드,블루,블랙" 등 선택 항목을 기재하면 되는데 구분은 쉼표로 하므로 반드시 옵션값과 옵션값 사이에는 쉼표 " , "를 기재하도록 합니다.

<옵션입력 예>

옵션 명과 옵션값을 입력했다면 하단 옵션 목록으로 적용 버튼을 클릭합니다.

<옵션 입력 결과>

옵션 가와 재고수량은 기본 0으로 입력이 되는데 재고수량이 0일 경우는 판매 상태가 품절이므로 판매가 되지 않으니 반드시 해당 칸에 수량을 입력하도록 합니다. 등록 방법은 해당 칸에서 마우스 더블클릭 후 숫자를 입력합니다

재고수량을 입력하면 판매 상태는 판매 중으로 변경이 됩니다.

옵션 가는 상품 가격을 기준으로 정해지게 되는데 예를 들어 "옵션가 0원 = 상품가"입니다. 상품 가격이 4,000원이고 옵션가 0원이라면 해당 옵션 제품의 가격은 4,000원이 되는 것입니다. 만약 옵션가 1,000원 이라면 상품 판매가 4,000원에 +1,000원이 되어 해당 옵션 제품의 판매가격은 5,000원이 됩니다.

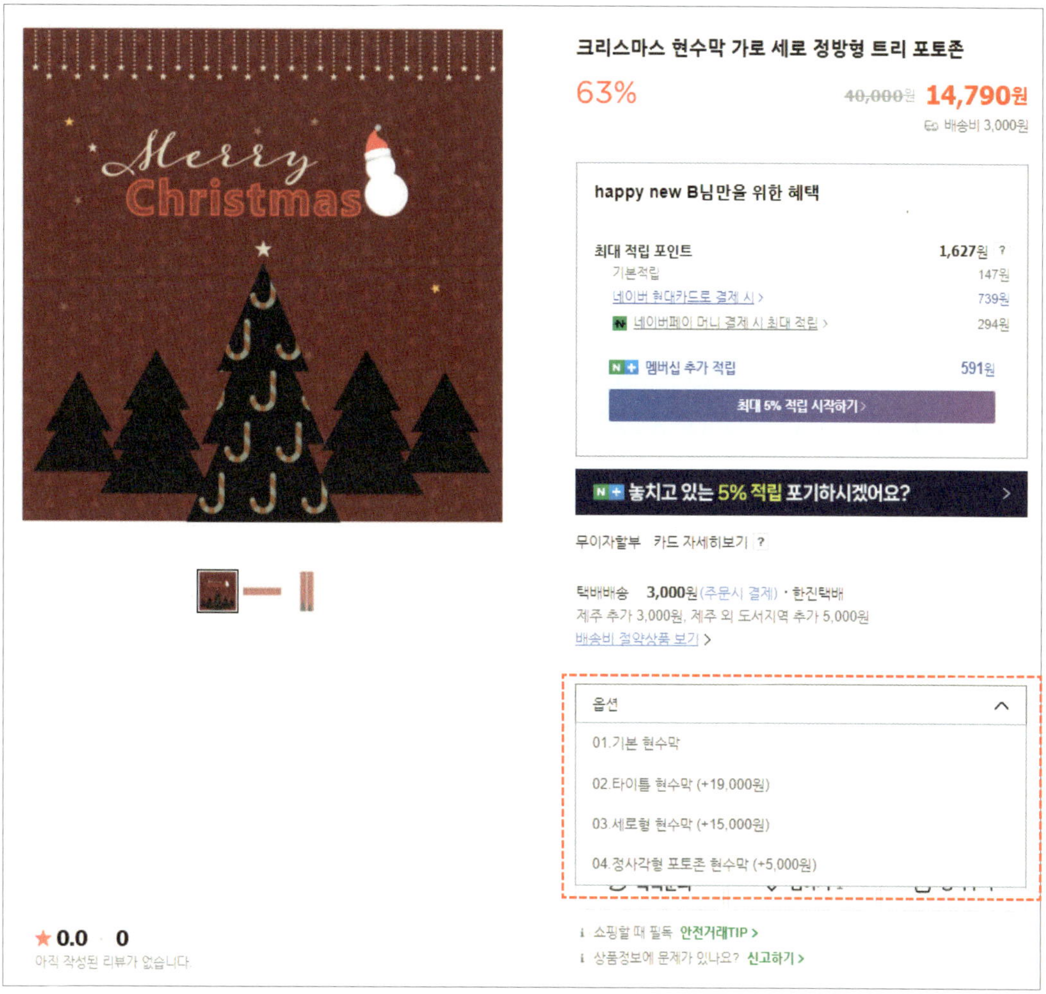

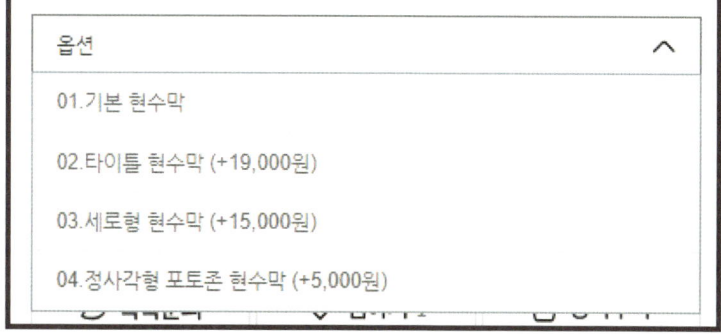

화면에서 옵션 가격은 각각 다르게 설정된 것을 확인할 수 있습니다.

옵션가가 0원으로 되어 있으면 스마트스토어 화면에서 해당 옵션 제품에 별도 가격 표기가 되어 있지 않으나 옵션 가가 설정되었을 경우에는 해당 금액이 옵션 옆에 표기가 됩니다. 판매가격보다 옵션가격이 더 낮은 금액으로 책정할 때는 마이너스 표기 후 숫자를 입력하면 됩니다.

옵션에 따라 가격이 다르거나 재고 수량이 다를 경우, 이 설정을 통해 효율적으로 관리할 수 있습니다.

사용하지 않는 옵션을 삭제할 경우에는 해당 옵션 왼쪽 체크박스에 체크 후 상단에 있는 선택삭제 버튼을 클릭하면 됩니다

옵션을 일괄 수정할 경우에는 왼쪽 체크박스에서 해당하는 옵션을 선택 후 오른쪽 상단에 있는 내용 작성 후 선택 목록 일괄 수정 버튼을 클릭합니다

아래 화면과 같이 재고 수정이 일괄 적용된 모습을 확인할 수 있습니다.

6. 상품 이미지

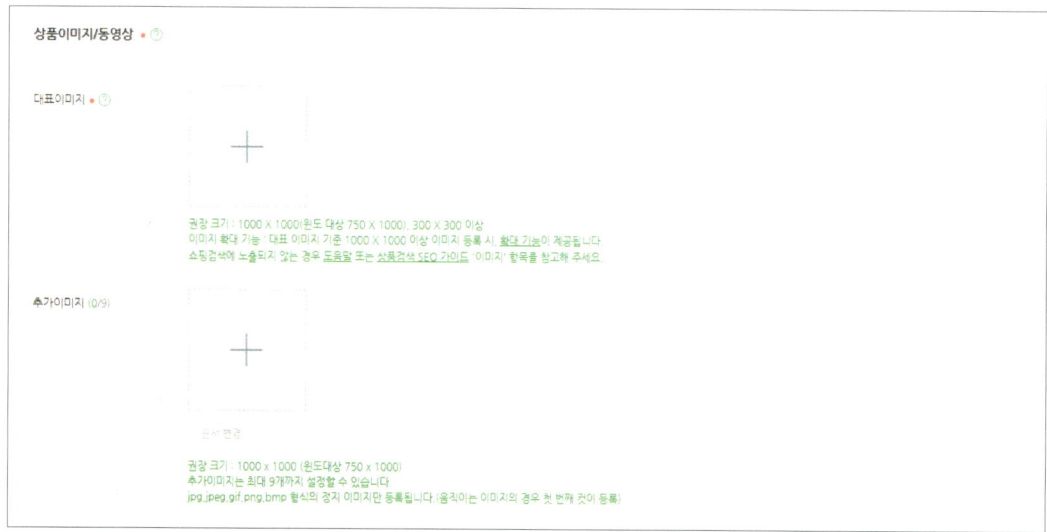

대표 이미지는 네이버에서 제품 검색을 했을 때 상품 검색 리스트에서 다른 판매자 제품들과 함께 보이는 이미지입니다. 소비자들이 여러 제품과 비교 후 클릭을 하게 되므로 제품의 매력을 잘 보여주면서 시선을 끌 수 있는 사진을 등록한다면 유입 전환을 만들어 낼 수 있습니다.

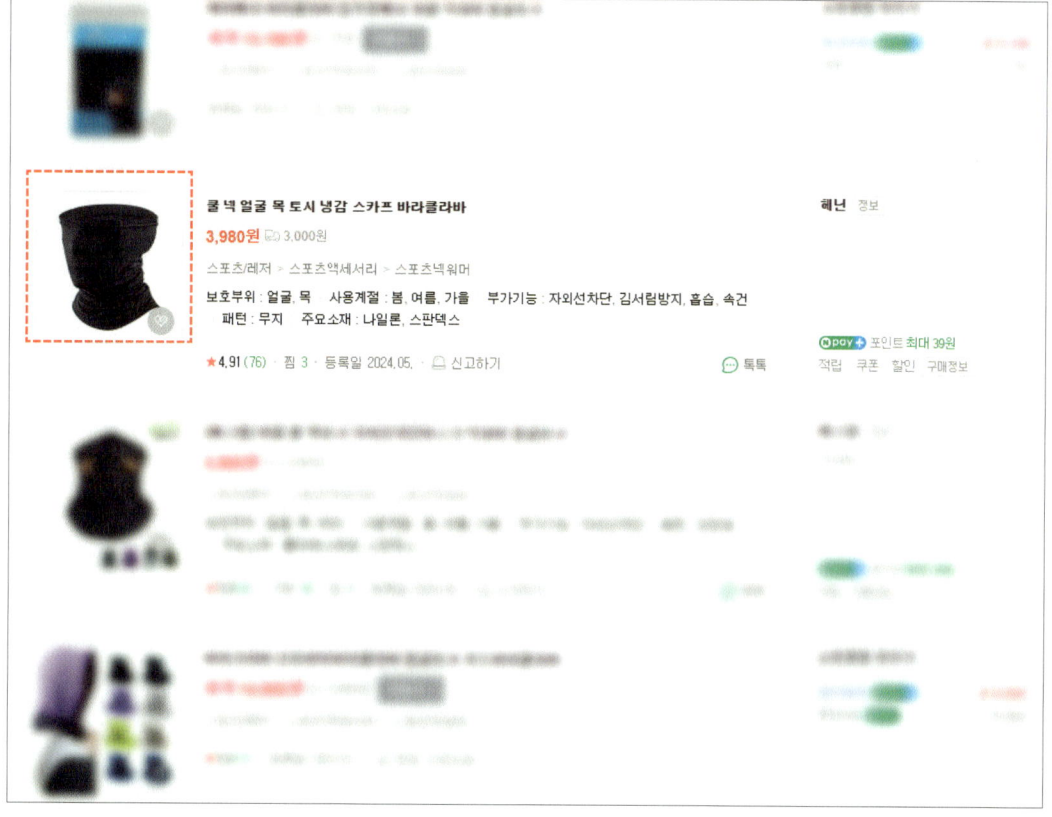

대표 이미지는 하얀 배경에 제품이 전체적으로 보이게 할 경우 명확한 이미지 전달이 가능하며, 사람의 인체 착용 컷이나 사용 컷 이미지 경우에는 친근하며 사용 예를 쉽게 알 수 있게 제품이미지를 전달할 수 있습니다

이미지는 1000 * 1000px 사이즈 이상일 경우 확대 기능이 되어 해당 이미지에 마우스를 오버롤했을 때 이미지가 확대되어 자세하게 확인할 수 있습니다.

추가 이미지는 9개까지 등록이 가능합니다.

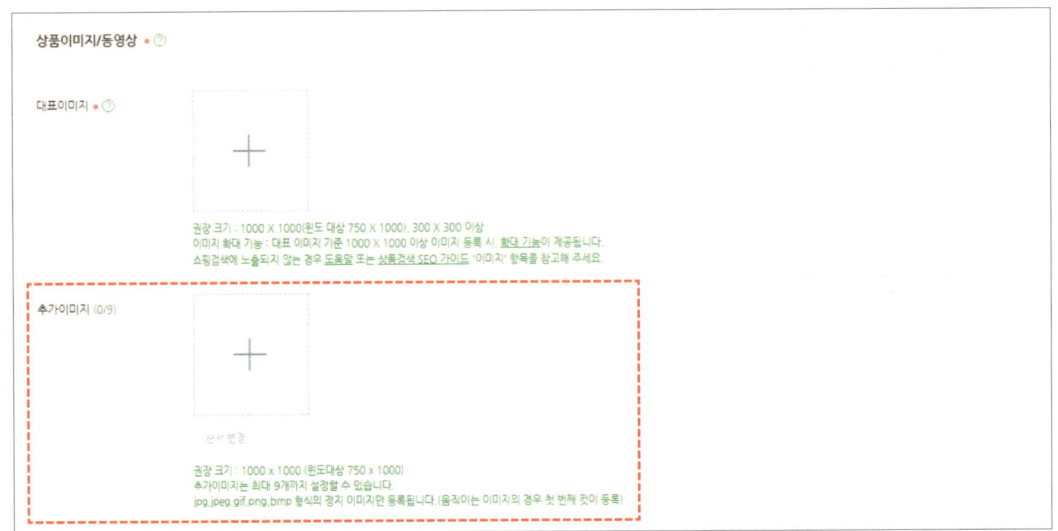

제품 구매 페이지에 유입이 됐을 때 상단에 대표 이미지와 같이 나란히 보이게 되는데, 대표 이미지와 차이는 해당 제품을 구매할 수 있는 페이지에 유입이 됐을 때 노출이 되는 이미지입니다.

사이즈는 1000 * 1000px으로 했을 경우 대표 이미지와 마찬가지로 이미지 확대가 가능합니다. 추가 이미지는 PC 화면보다는 모바일화면에서 더 소비자들에게 잘 보이게 되어 제품에 대해 더 세부적으로 확인이 가능합니다.

모바일화면에서는 상세 페이지의 이미지와 내용이 작게 보이기 때문에 제품의 확대 컷을 확인하기 쉽지 않아 추가 이미지 등록을 통해 모바일 유입 고객에게 이미지 전달을 용이하게 하는 것이 좋습니다.

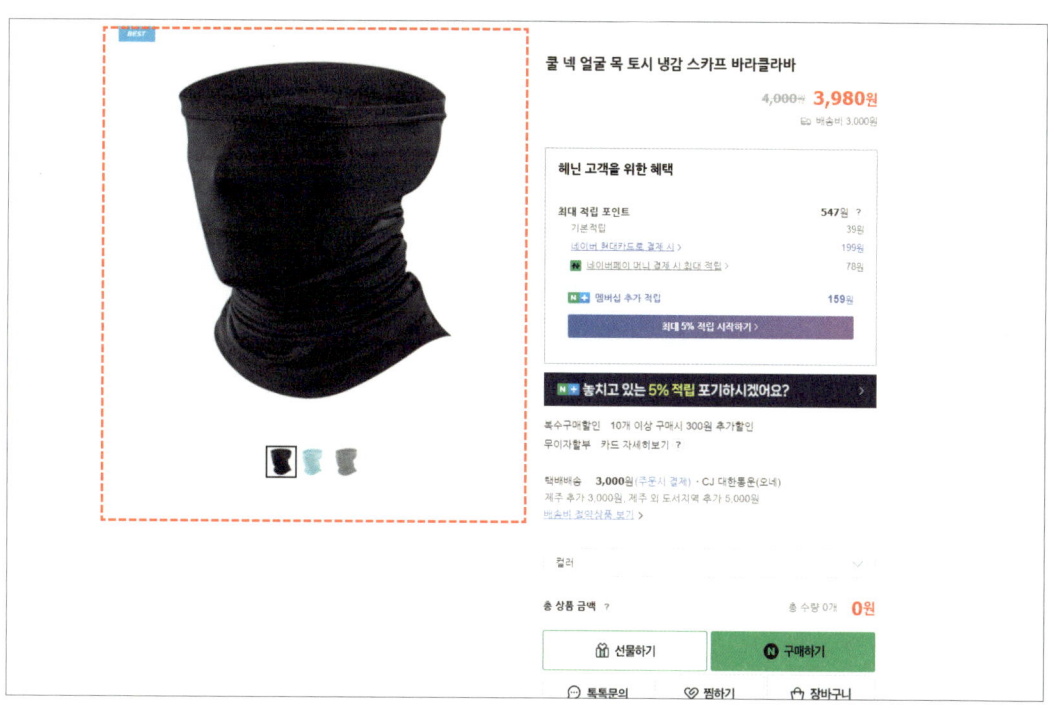

<PC화면 대표이미지와 추가이미지>

<모바일화면 대표 이미지와 추가 이미지>
PC 화면과 비교했을 때 화면 구성 비율에서 더 큰 비중을 차지하는 것을 볼 수가 있습니다

모바일에서는 상세페이지보다 추가 이미지를 통해 이미지를 확인하기가 더 용이해 추가 이미지 활용을 잘하는 것이 중요합니다.

7. 상세 설명

상세 설명이 작성되기 전에는 "작성된 내용이 없습니다" 라는 문구를 확인할 수 있고,

Smart Editor ONE으로 작성 버튼을 클릭하면 상세 설명을 작성할 새로운 창이 열리게 됩니다

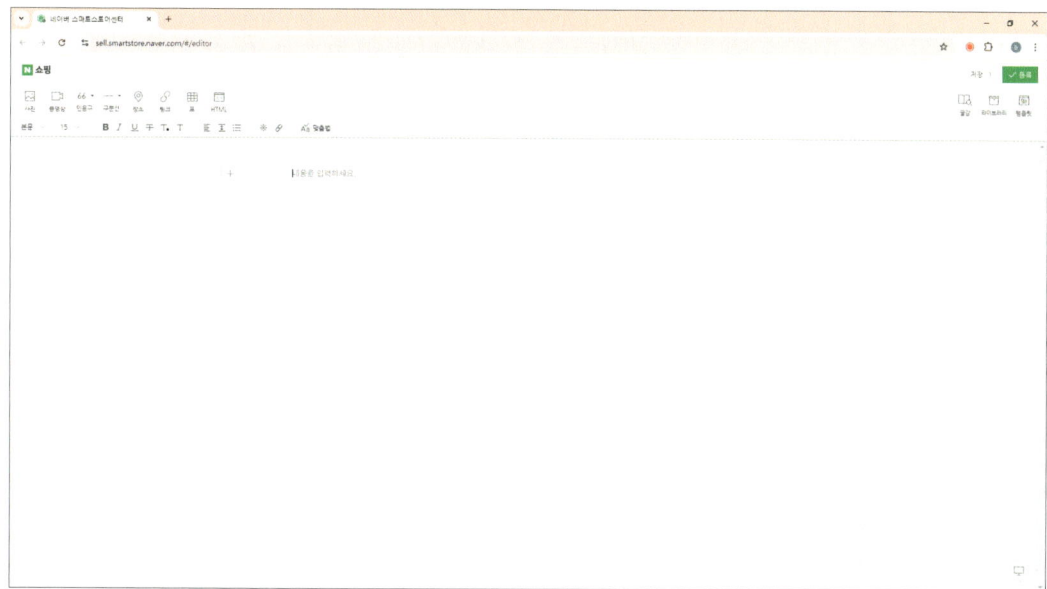

<상세 설명 작성 화면>

화면구성은 네이버 블로그와 비슷하게 되어 있습니다.

글자와 사진을 각각 첨부해서 상세페이지를 제작해도 되고, 제작된 상세 페이지 이미지가 있다면 해당 이미지만 등록해도 됩니다.

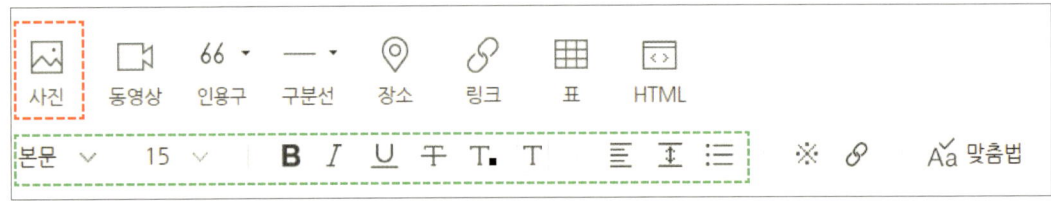

<상세 설명 메뉴 구성>

빨간 점선 사진 버튼은 클릭하면 사진을 첨부할 수 있도록 창이 열리게 됩니다. 사진을 선택하면 작업화면에 선택한 사진이 등록된 것을 확인할 수 있습니다. 만약 직접 글자를 입력할 경우에는 녹색 점선 안에 있는 도구를 활용해 글자를 편집할 수 있습니다.

상품 설명 작성
① 상세 설명
고객이 상품에 대해 충분히 이해할 수 있도록 상세 설명을 작성합니다. 상품의 주요 특징, 장점, 사용 방법, 소재, 크기, 주의 사항 등을 구체적으로 설명해야 합니다.
예) "이 원피스는 통기성이 좋은 린넨 소재로 제작되었으며, 여름에 입기 좋습니다. 긴팔 디자인으로 여름철에도 자외선 차단 효과를 제공하며, 가벼운 착용감을 자랑합니다."
★고객의 관심을 끌 수 있는 핵심 사항을 맨 앞에 배치하고, 상세한 정보를 덧붙여 작성하세요.

상품 설명 입력 시 주의 사항
| 정확하고 상세한 상품 설명
상품 설명은 고객이 상품을 이해하고 구매를 결정하는 데 중요한 역할을 합니다. 상품의 주요 특징, 용도, 크기, 소재, 주의 사항 등을 상세하게 기재해야 하며, 고객의 혼란을 줄이기 위해 정확한 정보를 제공해야 합니다.

예) "이 원피스는 여름철에 입기 좋은 린넨 소재로 제작되었습니다. 통기성이 좋고 자외선 차단 효과가 있는 긴팔 디자인입니다."

| 구체적인 제품 정보

크기, 무게, 소재 등 제품의 구체적인 정보를 반드시 기재해야 합니다. 고객이 상품을 선택할 때 실제 상품의 크기나 소재가 다를 경우, 불만족을 초래할 수 있습니다.
예) "사이즈: S, M, L", "소재: 100% 린넨".

| 주의 사항 및 사용법 안내

제품 사용 시 주의해야 할 점이나 특별한 사용법이 있다면 이를 상세히 안내해야 합니다. 특히 전자제품이나 위험 요소가 있는 제품의 경우, 사용법과 주의 사항을 정확히 명시해야 합니다.
예) "제품 세척 시 물에 오래 담가두지 마세요", "전자레인지 사용 불가".

| 과장된 표현 자제

제품의 성능을 과장하거나 오해의 소지가 있는 표현을 사용하지 않도록 주의해야 합니다. 고객이 기대하는 성능과 실제 성능이 차이가 있으면 불만을 초래할 수 있습니다.
예) "모든 얼룩 제거 가능" 대신 "일반적인 얼룩 제거에 적합함"으로 명확하게 표현.

② 이미지 등록

고화질의 상품 이미지를 등록해야 고객이 제품의 외관을 명확히 파악할 수 있습니다. 여러 각도에서 찍은 이미지, 디테일을 강조한 이미지 등을 사용하여 신뢰를 줄 수 있습니다.
권장 이미지 사이즈 : 640x640픽셀 이상
이미지 수 : 3장 이상 권장

이미지 등록 시 주의 사항

| 고화질 이미지 사용

상품 이미지는 고객에게 상품을 시각적으로 보여주는 중요한 요소입니다. 고화질 이미지를 사용해야 하며, 제품의 실제 모습과 차이가 없도록 사진을 정확하게 촬영해야 합니다.

★ 다양한 각도에서 찍은 이미지를 포함하고, 제품의 디테일(소재, 크기 등)을 강조하는 사진을 추가하세요.

|과도한 보정 자제

상품 이미지를 지나치게 보정하면 실제 상품과 차이가 발생할 수 있습니다. 제품의 색상이나 디테일이 정확하게 나타나도록 과도한 보정은 자제해야 합니다.
예) 제품 색상을 실제보다 밝거나 어둡게 보정하지 않도록 주의하세요.

|옵션별 이미지 등록

상품에 옵션(색상, 사이즈 등)이 있으면, 옵션별로 이미지를 등록해야 고객이 원하는 옵션을 선택할 때 이미지를 보고 정확히 확인할 수 있습니다.
예) 화이트 색상, 블랙 색상 각각의 이미지를 등록하여 고객이 색상 선택 시 확인할 수 있도록 합니다.

|상품과 관련 없는 이미지 금지

상품과 관련 없는 이미지나 과도한 텍스트가 포함된 이미지를 사용하는 것은 자제해야 합니다. 오직 상품과 관련된 이미지만 사용하여 고객에게 혼란을 주지 않도록 합니다.
예) "배송 빠름", "100% 만족" 과 같은 문구가 들어간 이미지는 피하고, 제품 자체의 이미지에 집중하세요.

③ 상세 페이지 제작

상세 설명에서 편집하지 않고 제작된 이미지를 등록할 때 가로사이즈는 860px 입니다. 세로 사이즈는 정해져 있지 않지만, 너무 길게 되어 있으면 접속 화면 로딩 시간이 오래 걸릴 수 있습니다. 세로사이즈는 2000px 내외가 적당합니다.
이미지 첨부했던 것처럼 사진버튼 선택 후 상세 페이지 제작된 이미지를 선택합니다.

작성이 다 되었다면 오른쪽 상단에 있는 등록 버튼을 클릭합니다.

등록된 내용이 있으면 아래 화면처럼 "작성된 내용이 있습니다" 라고 변경된 내용을 확인할 수 있습니다

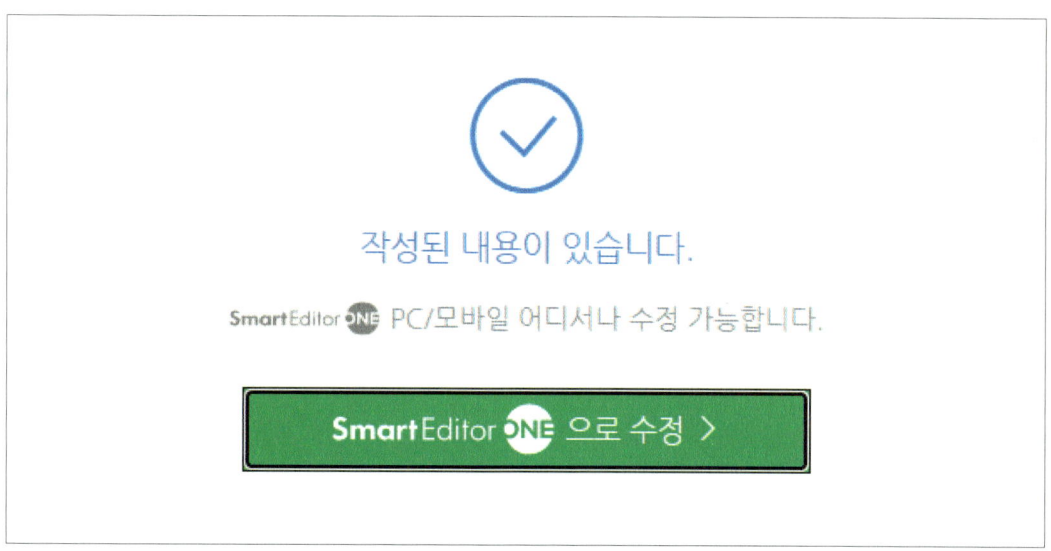

상세 설명 등록은 새 창이 열려서 등록하고 등록 버튼을 클릭하면 상세 설명 작성 창이 닫히게 되는 구조로 되어 있어 많은 분이 등록이 잘 되었는지 확인하는데 어려워하시는 부분입니다. 등록 전과 등록 후 보여지는 글자가 다르니 이 부분을 잘 확인하시면 되겠습니다.

★이미지제작 및 편집 사이트

미리캔버스(https://www.miricanvas.com/)

디자인 전문 편집 프로그램을 사용하지 않아도 간편하게 상세페이지와 이미지 편집 및 제작이 가능합니다.

8. 상품 주요정보

상품 주요정보 •

카탈로그 ⑦ [   ] [찾기]

카탈로그 매칭완료 여부 : N
카탈로그는 내부 검수를 통해 매칭완료되며 운영 정책에 따라 매칭되지 않을 수 있습니다.
카탈로그가 매칭완료될 경우 카탈로그 수정이 불가하며 조회만 가능합니다.

브랜드 ⑦ [브랜드를 입력해주세요. ▼] [설정안함]
☐ 자체제작 상품 ⓘ

제조사 [제조사를 입력해주세요. ▼] [설정안함]

상품속성
① 카테고리 또는 카탈로그를 먼저 선택해 주세요.
무관한 속성을 선택하거나 과도하게 많은 속성을 선택하는 경우 네이버쇼핑 검색에 정상 노출이 되지 않습니다. 주요한 속성 위
상품에 맞는 속성이 없거나 중요 속성이 누락되었다면 고객센터 1:1문의에 남겨주세요. (카테고리, 보완 필요한 내용 자세히 기

KC인증 ⑦ [KC인증 있음] [**KC인증 없음**]

○ 구매대행 ○ 안전기준 준수 ● KC 안전관리대상 아님

KC인증이 필요한 상품을 인증 없이 판매하는 경우 3년 이하의 징역 또는 3천만원 이하의 벌금형에 처해질 수 있습니다.
인증대상 여부 문의는 국가기술표준원 또는 제품안전정보센터로 확인해주시기 바랍니다. 개정 전안법가이드북 보기 >
어린이제품 및 방송통신기자재는 개정 전안법 특례대상이 아니므로 구매대행 / 병행수입을 선택할 수 없습니다.

인증정보 [선택 ▼] [인증기관] [인증번호]

원산지 • [국산 ▼] [선택 ▼] [선택 ▼]
☐ 원산지 다른 상품 함께 등록

상품상태 • [**신상품**] [중고상품]
중고, 리퍼, 전시 등의 상품은 중고상품으로 선택해야 합니다.
중고상품을 신상품으로 설정하여 판매하는 경우 판매금지 및 네이버쇼핑 미노출 조치될 수 있습니다.

맞춤제작 ☐ 특정 주문자의 요구사항에 맞춰 개별 맞춤제작되는 상품

제조일자 [📅]

유효일자 [📅]

미성년자 구매 • [**가능**] [불가능]

상품등록을 할 때 일반적으로 해당 입력항목 옆에 빨간 점 • 이 있는 항목 이외에는 입력하지 않아도 된다고 알고 있는데요.

상품 주요 정보에서 카탈로그 / 브랜드 / 제조사 등록은 필수 입력 항목으로 해당 부분 기재되지 않을 경우 등록하는데 오류가 발생할 수 있습니다. 때에 따라서는 제조 일자까지 등록이 되어 있어야 하는 경우도 있으니, 필수항목으로 되어 있지 않더라도 반드시 등록하도록 합니다. 상품 속성은 ① **카테고리** 선택에 따라 표기하는 내용이 달라지는데 해당 카테고리 항목에 맞는 상품에 대한 내용으로 선택 항목이 생성됩니다. 확인 후 등록하려는 상품에 맞는 내용을 선택 및 입력합니다.

KC 인증은 등록하려는 제품이 해당하는 항목일 경우 등록을 하고 해당하지 않을 경우 "KC 인증 없음"을 선택하고 인증 정보는 작성하지 않습니다.
KC 인증 대표 제품은 어린이 제품과 전자제품들이 있습니다. 원산지는 국산일 경우 중분류 소분류를 선택하지 않아도 등록이 가능하지만, 수입산일 경우 중분류 소분류까지 선택하고 수입사를 입력해야 합니다.
상품 주요 정보에서 등록 방법이 필요한 카탈로그 / 브랜드 / 제조사 등록에 관해서 더 자세하게 설명하겠습니다.

카탈로그에서 찾기 버튼을 클릭하면 카탈로그 찾기 창이 열립니다.

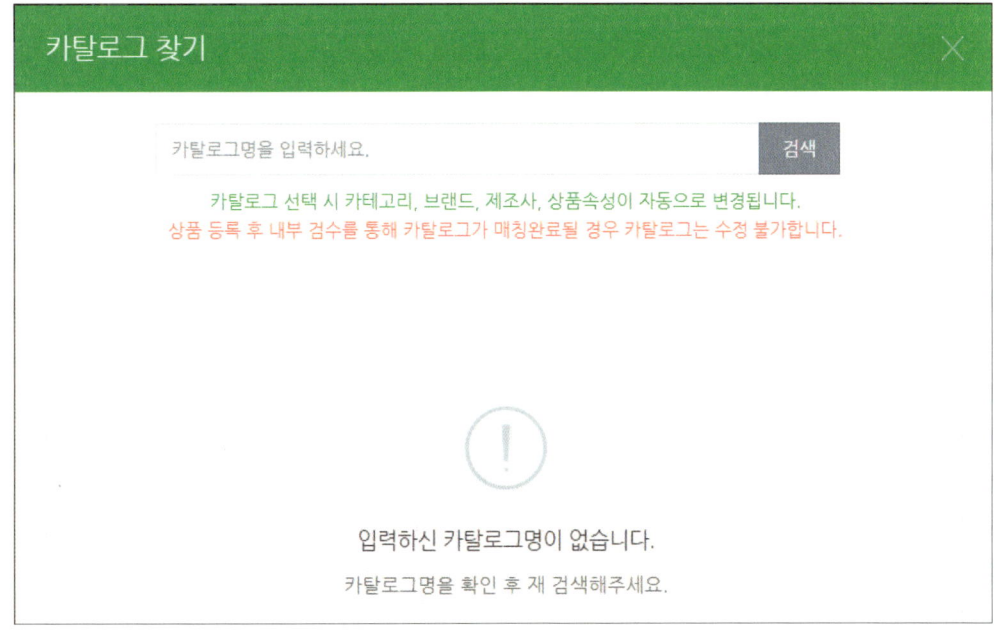

검색창에서 찾고자 하는 검색어를 입력하면 리스트가 보이고 카탈로그 매칭하려는 제품을 선택하면 상품 등록 후에 카탈로그 매칭이 되는 것을 볼 수 있습니다.

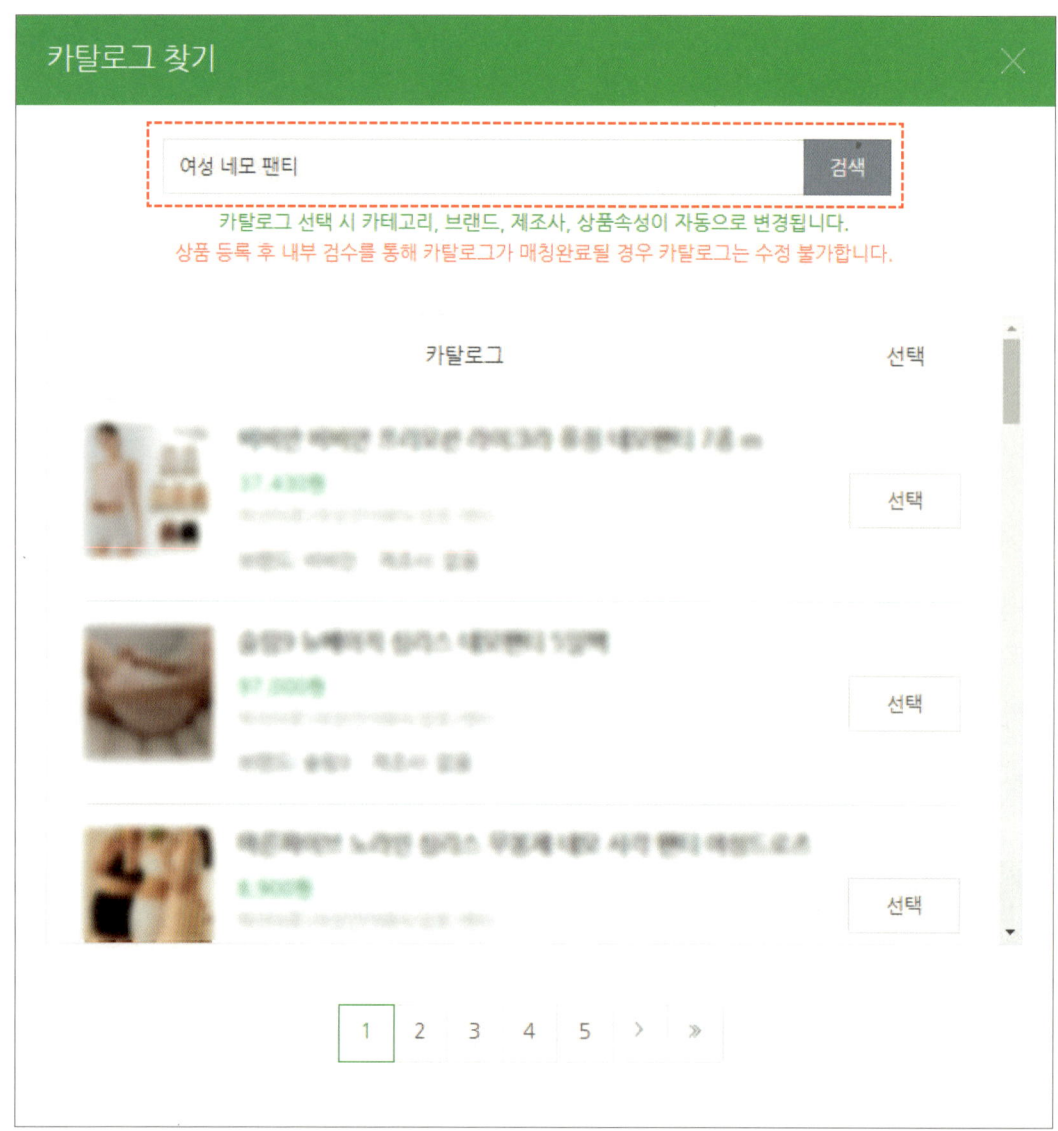

카탈로그 매칭을 하게 되면 해당 제품을 같이 판매하는 판매자들 리스트의 노출이 되는데 해당 제품을 최저가에 판매할 경우는 판매가 잘 되겠지만 그렇지 않을 때는 오히려 판매량이 낮아질 수 있습니다.

search.shopping.naver.com/catalog/38921355656
노라인 심리스 드로즈 네모 사각 레깅스 팬티 스몰 빅 사이즈 스킨 M
4.65
배송비포함
최저 10,780원
최저가 사러가기
판매처별 최저가
최저가순
배송비포함 ON
카드할인
판매처
결제 금액과 가까운 배송비 포함가 기준입니다.
헤닌
최저 10,780
2,800원 포함
사러가기
coupang
11,700
2,800원 포함
사러가기
쇼핑몰리뷰
함께 보면 좋은 상품
최저가추이

카탈로그 매칭 화면

배송비포함
최저 10,780원
2,800원 포함 | 헤닌
최저가 사러가기
판매처별 최저가
최저가순
배송비포함 ON
카드할인 OFF
판매처
결제 금액과 가까운 배송비 포함가 기준입니다.
헤닌
최저 10,780
2,800원 포함
사러가기
coupang
11,700
2,800원 포함
사러가기

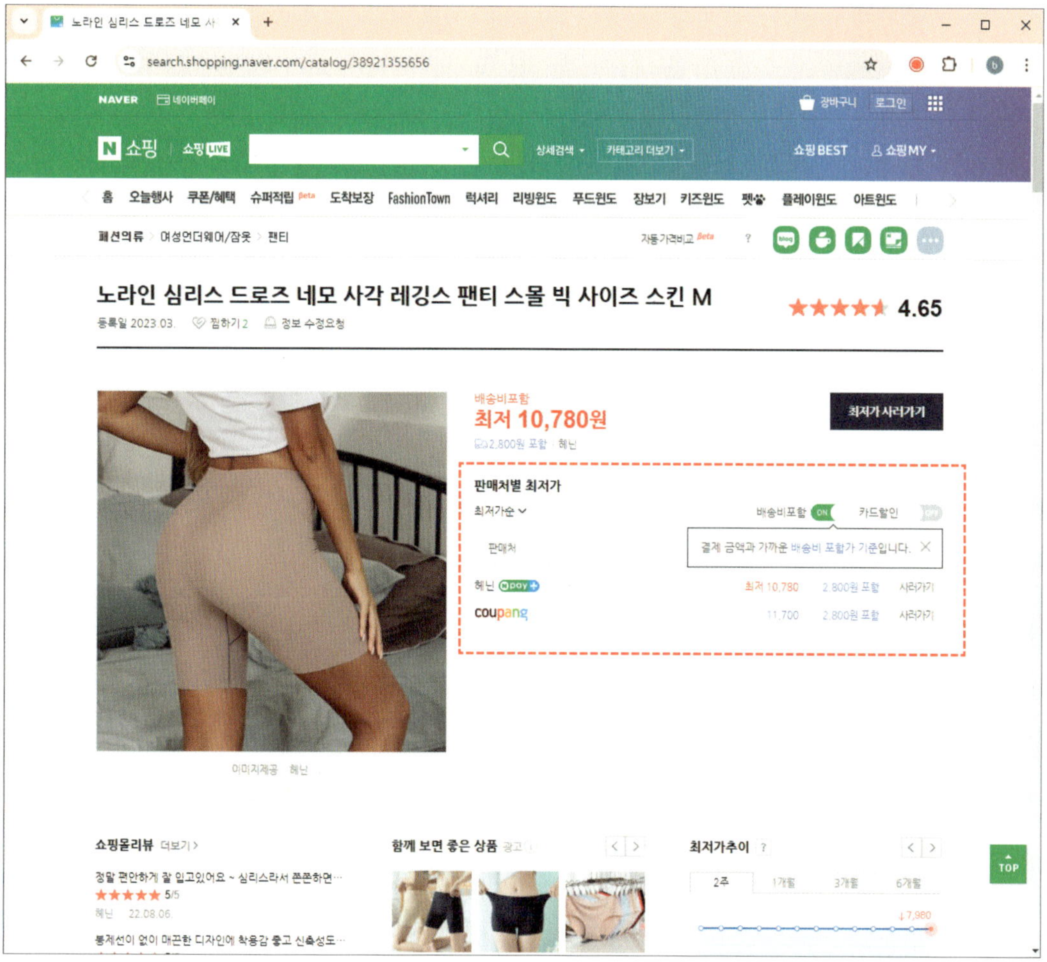

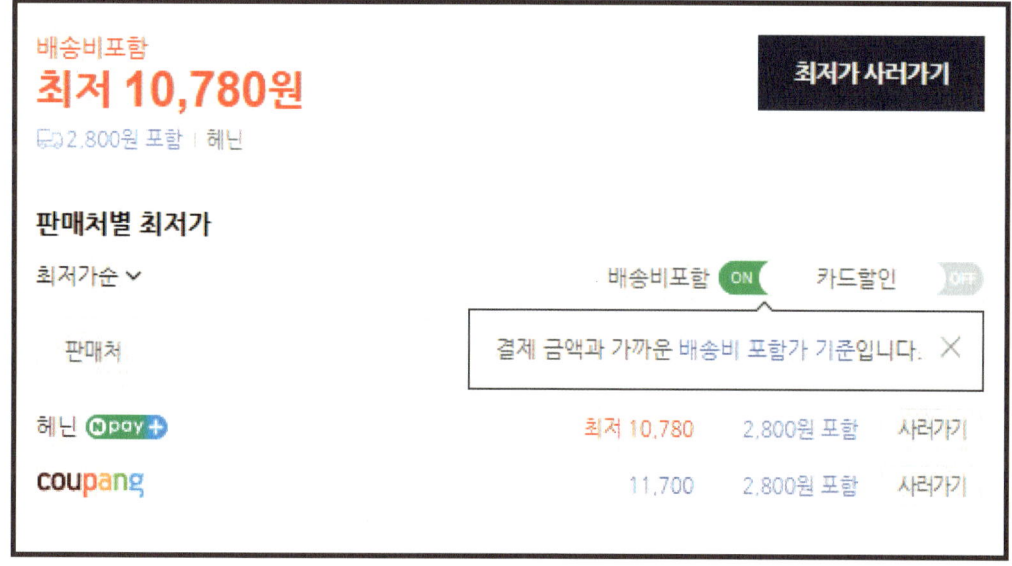

카탈로그 매칭을 하지 않을 경우엔 "N" 입력을 합니다.

카탈로그 매칭을 하지 않더라도 브랜드와 제조사가 다른 판매사 제품과 같을 경우 카탈로그 매칭이 될 수 있습니다.

마찬가지로 카탈로그 매칭을 하지 않을 경우 브랜드명은 "없음"이라고 입력을 입력합니다. 브랜드명과 제조사명은 글자를 입력하고 반드시 키보드에서 엔터를 클릭해야 등록이 됩니다. 글자를 쓰더라도 엔터를 클릭하지 않으면 다음 항목 기재 시 내용이 등록되지 않게 되니 글자 입력 후에 엔터까지 클릭해서 입력 칸 아래 파란 글자로 작성된 내용이 표기되었는지 확인합니다.

9. 상품정보제공고시

상품정보제공고시에 있는 입력항목은 필수 항목입니다

상품정보제공고시 • ⓘ	
설정여부 •	설정함　　　상품정보제공고시 템플릿
상품군 •	기타 재화
품명 •	
모델명 •	
법에 의한 인증, 허가 등을 받았음을 확인할 수 있는 경우 그에 대한 사항 •	직접입력　◯ 해당사항 없음
제조자(사) •	제조자(사)를 입력해주세요. 선택된 제조자(사) : 상품상세 참조
A/S 책임자 또는 소비자 상담 관련 전화번호 •	A/S 책임자　◯ 소비자 상담 관련 전화번호 ⊘ 필수 정보입니다.

상품군은 선택하도록 하고 품명 / 모델명 / 제조사 등은 해당 내용을 기재합니다. 해당 내용이 상세 페이지에 있으면 "상세 페이지 참조" 라고 입력을 해도 무방합니다. **법에 의한 인증, 허가 등을 받았음을 확인할 수 있는 경우 그에 대한 사항**은 해당하는 내용이 있

으면 직접입력을 선택하고 인증 내용을 작성합니다. A/S 책임자 또는 소비자 상담 관련 **전화번호**에는 CS 연락이 가능한 전화번호를 입력합니다.

10. 배송

배송 방법은 일반적으로 "택배, 소포, 등기" 선택을 합니다.

만약 직접 배송할 경우에는 직접 배송(화물 배달)을 선택합니다.

네이버 정산 주기는 평일 기준 구매자가 배송을 받은 날로부터 8일째 구매 확정이 이루어지고 있습니다. 송장 번호 입력 시 배송 완료 확인이 되지만, 직접 배송이나 방문 수령 퀵서비스의 경우에는 28일 후 정산이 이루어지고 있습니다.

다만 이럴 경우에 구매자가 구매 확정을 하게 된다면 구매 확정 다음 날 정산을 받을 수 있으니, 제품 발송 시 고객에게 빠른 구매 확정이 될 수 있도록 안내해 주시는 것이 좋습니다. 미리 안내하지 못할 경우에는 제품 발송 이후에라도 제품은 잘 받으셨는지 확인하며 구매 확정 안내하셔도 되겠습니다.

배송방법 ●	**택배, 소포, 등기**　　직접배송(화물배달)	
	방문수령	
	퀵서비스	
배송속성 ●	**일반배송**　　오늘출발	
	☐ 주문확인 후 제작	
택배사 ●	CJ대한통운 ▼	
묶음배송 ● ⓘ	**가능**　　불가(개별계산)　　**배송비 묶음 그룹 선택**	
	계산방식 : 묶음 그룹에서 가장 작은 배송비로 부과	
	제주/도서산간 추가배송비 : 제주도: 3,000원 추가 / 제주도 외 도서산간	
	배송비 묶음그룹의 관리는 배송정보 관리 메뉴에서 할 수 있습니다. 배송비 묶	
	도착보장 상품에 묶음배송을 가능으로 설정하시는 경우, 유의사항을 확인해주	
	동일 묶음그룹 상품이나 상품별로 반품/교환택배사가 다르게 설정된 경우, 여	
상품별 배송비 ● ⓘ	무료 ▼	
제주/도서산간 추가배송비 ⓘ	묶음배송 가능인 경우 배송비 묶음그룹 관리에서 설정할 수 있고, 배송비와 함	
	제주/도서산간 추가배송비는 상품관리>배송정보 관리에서 설정 후 배송비 묶음	
지역별 차등 배송비 ⓘ	제주/도서산간 제외 입력	
	묶음배송 가능인 경우 배송비 묶음그룹에 입력한 제주/도서산간 추가배송비와	
	제주/도서산간을 제외한 지역별 차등 배송비가 있는 경우에만 입력해주세요.	
	희망일배송인 경우 [희망일 배송그룹 > 희망일자 > 지역별 예상 배송비] 항목에	
별도 설치비 ●	있음　　**없음**	
출고지 ●		

배송 방법은 일반적으로 "택배, 소포, 등기" 선택을 합니다.
만약 직접 배송할 경우에는 직접 배송(화물 배달)을 선택합니다.
네이버 정산 주기는 평일 기준 구매자가 배송을 받은 날로부터 8일째 구매 확정이 이루어지고 있습니다. 송장 번호 입력 시 배송 완료 확인이 되지만, 직접 배송이나 방문 수령 퀵서비스의 경우에는 28일 후 정산이 이루어지고 있습니다. 다만 이럴 경우에 구매자가 구매 확정을 하게 된다면 구매 확정 다음 날 정산을 받을 수 있습니다.

배송 속성은 일반배송과 오늘 출발이 있는데, 오늘 출발을 설정하게 되면 기준시간을 설정할 수 있는데 구매자 입장에서는 몇 시까지 주문 시 오늘 발송이 가능한지 확인이 가능합니다. 매일 택배 출고 시간이 일정하다면 오늘 출발을 설정하는 것이 판매 영향력에 더 긍정적인 효과가 있습니다.

택배사는 계약택배사가 있으면 해당 택배사를 선택하면 됩니다.
주문이 들어와서 제품을 발송할 경우 택배사와 송장 번호를 별도 입력하기 때문에 상품을 등록하는 택배사 정보는 정확하게 등록되지 않아도 괜찮습니다.

묶음 배송은 가능과 불가(개별 계산)을 선택할 수 있습니다.
묶음 배송은 판매 중인 제품 출고지가 같을 경우 합 배송으로 발송할 수 있을 때 가능으로 설정하면 됩니다.

묶음 배송을 가능으로 할 경우에는 배송비 묶음 그룹 선택 버튼을 클릭해서 해당 그룹을 선택하면 됩니다.

배송비 묶음 그룹 설정은 "스마트스토어센터 / 상품관리 / 배송 정보 관리"에서 묶음 그룹을 추가하면 생성할 수 있습니다.

상품별 배송비는 판매자가 배송비를 부담할 경우에는 "무료"를 선택하고 구매자가 비용을 지불할 경우에는 "유료"를 선택하면 됩니다.

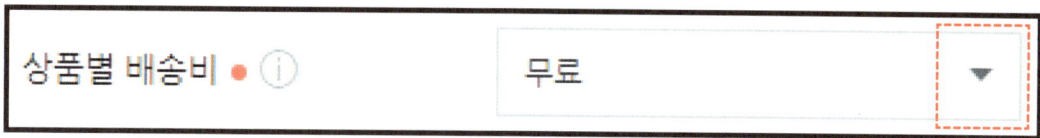

점선 안의 역삼각형 버튼을 클릭하면 선택할 수 있는 항목이 나오게 됩니다.
유료일 경우에는 구매자가 지불하게 될 배송료를 입력합니다.

조건부 무료는 기준을 제시하게 되는데 구매자가 기준 금액 이상 구매했을 경우 배송비가 무료인지 설정을 합니다. 예를 들어 3만원 이상 무료배송일 경우 무료배송이라는 기준을 제시할 경우 기본 배송비를 책정하고 배송비 조건 작성 칸에 "30,000"으로 입력하면 됩니다. 기본 배송료가 3,000원일 경우에는 기본 배송비 작성 칸에 "3,000"

으로 숫자만 입력합니다.

결제 방식은 착불과 선결제를 선택할 수 있는데 착불은 구매자가 제품을 받으며 택배사에 지불하게 되는 방식이고 선결제는 제품을 주문할 때 제품비용과 택배비를 같이 결제하는 방식으로, 일반적으로 많이 사용하는 방식입니다.

수량별 상품별 배송비는 제품 개수 설정에 따라 기본 배송비가 반복 부과되는 방식입니다.

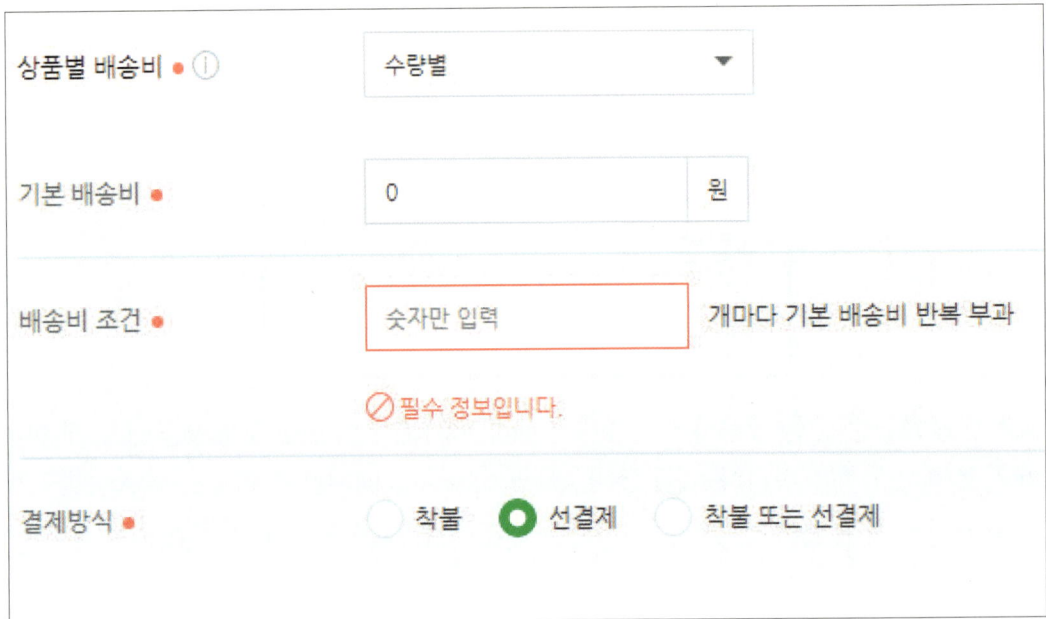

예를 들어 박스에 제품이 10개가 들어간다고 할 경우 구매자가 11개를 구입하게 되면 2개의 박스에 제품을 발송하게 됩니다. 이럴 경우에는 2개의 박스 각각 배송비가 부과되니 "10" 개 마다 기본 배송비 반복 부과라고 하면 되겠습니다.

10개마다 기본 배송비 반복 부과를 설정하게 되면 기본 배송비가 3천원일 경우 11개 주문한 구매자가 지불하게 되는 배송비는 6천원이 됩니다. 조건부 무료 방식과는 반대되는 경우로 많이 구매할 경우 추가 배송비를 구매자가 결제하게 되면서 판매자 입장에서는 추가 배송으로 인해 발생하는 손실을 줄이는 방식입니다.

구간별 방식은 수량별 방식과 비슷하지만, 차이가 있습니다. 수량별 방식은 일정 수량의 배수에 따라 배송료가 반복 부과되는 데 반해 구간별 방식은 배수가 아닌 수량을 구간별로 설정하는 방식입니다

예를 들어 택배 상자가 소형, 중형, 대형이 각각 있으면 소형상자에는 제품이 10개가 들어가고 중형상자에는 15개, 그 이상 개수는 대형 상자에 포장이 가능하다고 할 경우 택배 상자 크기에 따라 택배 배송료는 다르게 적용됩니다.

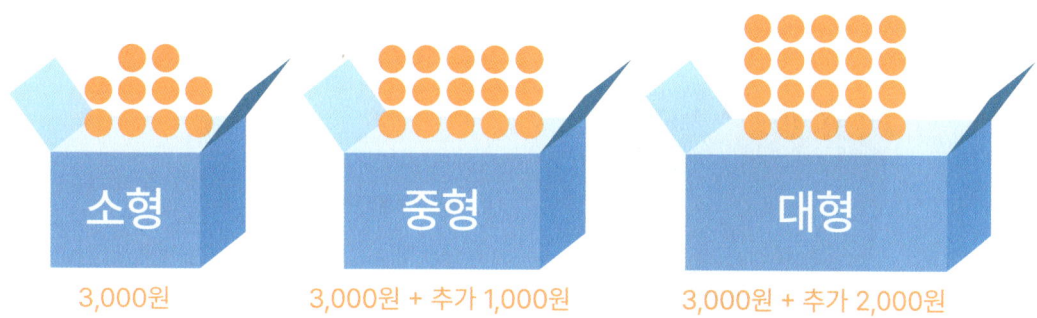

구간별 방식을 설정할 경우 배송지 조건은 2구간과 3구간 중 선택을 할 수 있는데 위의 예처럼 3가지 종류 설정을 한다면 3구간을 선택하면 됩니다

예시의 상황에 맞춰 작성하면 10개까지는 기본 배송료 부과로 인해 추가 배송비는 없습니다. 15개까지는 중형박스에 포장될 예정으로 추가 배송비 1,000원이 추가되어 배송비는 4,000원이 됩니다.

설명해 드린 예시를 적용해서 등록할 경우에는 아래 화면과 같습니다.

상품별 배송비 ● ⓘ	구간별 ▼
기본 배송비 ●	3,000 원
배송지 조건 ●	◯ 2구간 ● 3구간
	10 개 까지 추가배송비 없음
	15 개 까지 추가 배송비
	1,000 원
	초과 구매시 추가배송비
	2,000 원

배송비 설정이 적용된 내용은 등록된 스마트스토어 상품 상단에서 확인이 가능합니다. 아래 화면은 구간별 배송비 설정이 등록되었습니다.

기본 배송비 3,000원으로 3구간 설정 시 구간별 기준을 100개 이상일 경우 추가

1,000원 200개 이상일 경우 추가 2,000원으로 적용한 사례입니다.

11. 반품/교환

스마트스토어에서는 반품/교환 정보 등록이 중요합니다.

고객이 주문한 제품을 교환이나 반품을 요청했을 때 스마트스토어 반품/교환에 등록한 택배사에 자동적으로 해당 주문 건 수거가 전달되며 수거된 제품은 등록된 반품/교환지 주소로 반품이 됩니다. 만약 등록한 반품/교환지 주소지가 다를 경우 이미 택배사에서 제품을 회수 반품 중이라면 경로 변경으로 인한 반품비용이 이중으로 부과될 수 있습니다.

반품/교환 택배사는 계약된 택배사가 있으면 스마트스토어센터 왼쪽 메뉴바에서 "판매자 정보 / 판매자 정보"를 선택한 후 배송 정보에서 반품/교환 택배사 등록을 하면 상품등록 반품/교환 택배사에 자동으로 적용이 됩니다.

계약된 택배사가 없으면은 한진택배(네이버페이 지정택배사)로 등록이 되고 반품/교환은 한진택배를 통해 수거 회수가 이루어집니다.

반품 배송비는 주문한 제품을 반품할 경우 고객 수취인 주소지에서 반품 교환처로 배송이 되는 비용을 작성합니다.

교환배송비는 주문한 제품이 회수되어 고객 수취인 주소지에서 반품 교환처로 배송이 되고, 교환 제품이 다시 고객에게 배송이 되므로 왕복 배송비를 작성합니다.

반품/교환에 작성되는 반품 교환 배송비는 단순 변심에 의한 주문 건에 대한 내용이며 판매자의 귀책으로 인한 교환 반품은 판매자가 부담하게 되어 주문 고객에게는 비용이 추가되지 않습니다.

반품 교환처는 제품이 회수되는 주소입니다. 작성이 잘 되었는지 확인해서 추가 배송료가 발생하지 않도록 주의합니다.

12. A/S 특이 사항

A/S 전화번호와 A/S 안내는 필수 등록 사항입니다.

고객 응대가 가능한 전화번호를 등록해서 제품 A/S를 원활하게 진행하도록 합니다.
A/S 안내의 경우 해당하는 문구를 작성합니다. 판매자 특이 사항은 제품 특이 사항이 있으면 작성하면 추후 야기될 수 있는 분쟁을 피할 수 있습니다. 제품의 특성상 A/S가 불가할 경우 A/S불가 사유에 대한 내용이 작성되어야 제품 구매자가 오해 없이 구매를 결정

할 수 있습니다.

13. 추가 상품

추가적인 주문이 가능하도록 등록한 상품과 연관되는 제품을 추가 상품으로 구성합니다. 설정 안 함이 기본으로 설정되어 있는데 설정함을 선택하면 추가 상품 등록이 가능합니다.

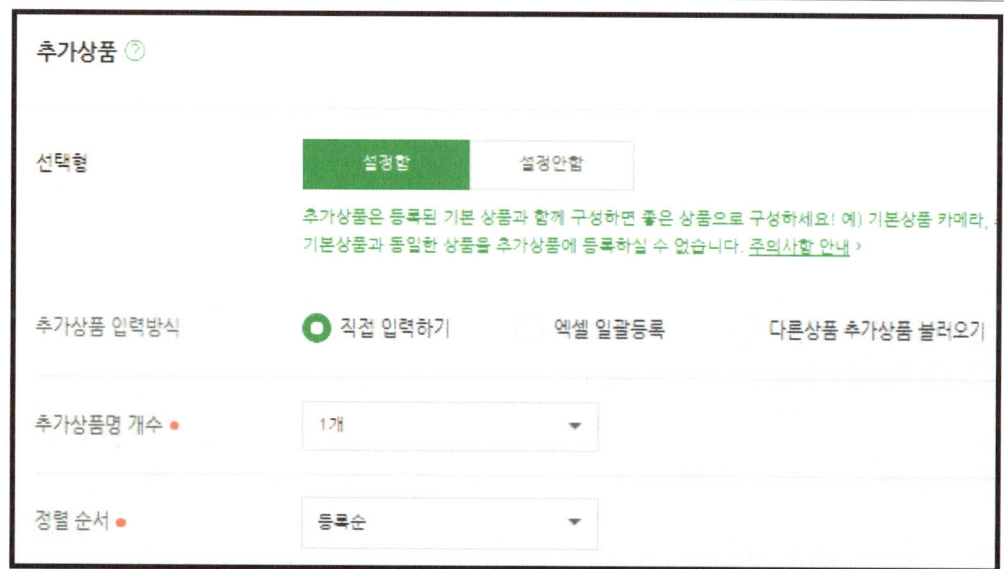

추가 상품 등록은 옵션 등록과 비슷하지만, 옵션은 등록하려는 상품에 대한 종류를 선택하는 것이고, 추가 상품은 등록하려는 상품과 다른 제품을 추가로 등록하는 것입니다. 예를 들어 상품등록 품목이 쿨마스크라면 옵션은 컬러가 될 수 있고 여기에 추가 상품은

쿨마스크와 함께 사면 좋은 제품인 쿨장갑을 구성할 수 있습니다.

추가 상품명 개수는 추가하려는 상품이 몇 개인지 선택을 합니다. 추가 입력 상품은 추가로 상품명을 입력하면 되는데 구매자가 제품을 구매하며 추가적으로 구매를 일으킬 수 있도록 연관성이 있는 제품명으로 등록합니다.

스토어에 유입된 고객이 보는 화면에서 추가 상품은 옵션 상품 선택 항목 아래에 있습니다. 위 화면에 보이는 추가 상품 작성 방법은 아래 이미지를 참고해 주세요.

추가 상품명 개수가 2개라면 선택할 수 있는 항목이 2개로 보이게 됩니다. 추가 상품 입력은 추가 상품명 개수에 맞춰 등록합니다. 추가 상품 입력 항목에서 추가 상품명은 노출되는 상품명이고 추가 상품값은 추가 상품명에 관한 선택 항목입니다.

추가 상품명이 "아이스 쿨토시 긴장갑"일 경우 추가 상품값은 "핑크,퍼플,블랙"으로 되어 있는데 상품 컬러 옵션이 등록된 것을 알 수 있습니다. 선택할 수 있는 옵션이 여러 개라 옵션명과 옵션명 사이에는 반드시 쉼표 "," 를 넣어 구분할 수 있도록 합니다.

<추가상품값 작성 예>
옵션명과 옵션명 사이에 쉼표를 넣어 구분하도록 합니다

추가 상품가는 옵션 등록할 때와 차이가 있습니다. 옵션을 등록할 때 가격을 "0"으로 할 경우에는 상품판매가였지만 추가 상품의 경우에는 등록 상품과 별개의 제품이기 때문에 각각 판매하는 가격을 그대로 작성하면 됩니다.

<추가상품가 작성 예>

가격이 9,800원이고 추가 상품값이 3개 제품이었다면 추가 상품가도 똑같이 3개 가격을 입력하도록 합니다.

추가 상품값 개수 = 추가 상품가 개수
마찬가지로 해당 판매가와 판매가 사이에는 쉼표를 넣어 구분하도록 합니다.

작성이 다 되었다면 "목록으로 적용" 버튼을 클릭합니다.
적용된 화면은 다음과 같습니다.
재고수량에 수량을 입력하면 판매 상태는 판매 중으로 변경이 됩니다

<추가 상품 구매자 화면>
추가 상품을 선택하면 해당 상품에 대한 추가 상품값과
추가 상품가를 확인할 수 있습니다.

14. 구매/혜택 조건

구매 혜택 조건은 주문 고객에게 조건에 따라 포인트 적립 및 할인을 설정할 수 있는 구매 전환력을 높일 수 있습니다.

최소 구매 수량은 제품구매 수량이 1개가 아닌 특정 수량 이상 구매를 조건으로 할 경우 작성합니다. 구매 수량이 1개일 경우는 작성하지 않습니다.

최소 구매 수량을 3개로 작성할 경우 스토어 화면에서 보면 상단 상품명과 가격정보 하단에 최소 구매 수량이 3개로 표기된 것을 확인할 수 있습니다.

제품을 1개만 구매하려고 할 경우에는 구매 불가 팝업창이 뜨게 됩니다. 3개 이상 구매 가능 안내 문구를 확인할 수 있습니다.

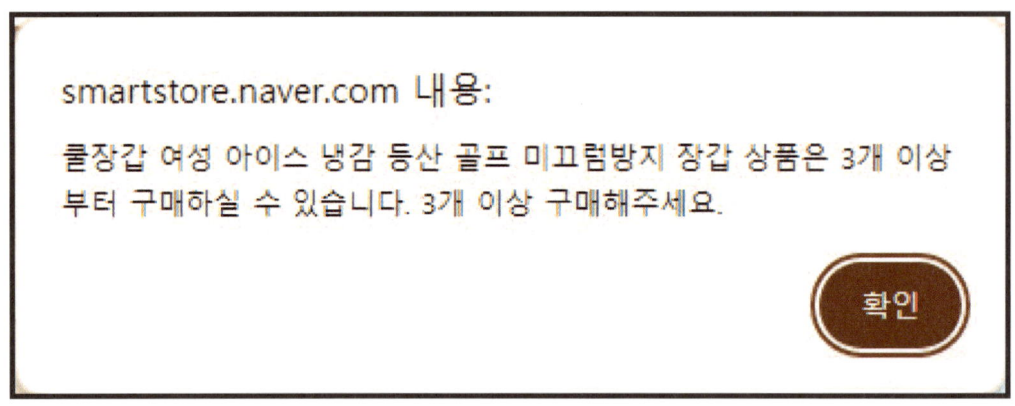

<최소 구매 수량 안내 팝업창>

최대 구매 수량은 최소 구매 수량과 반대로 구매 수량을 제한하고 있습니다. 인기 품목이나 한정 수량 제품일 경우 설정하면 유용합니다. 코로나로 인해 마스크 구매량이 급증할 때 많은 구매자에게 판매하기 위해 구매 제한을 했던 사례를 생각하신다면 적용 이해하기 쉽습니다.

체크박스를 클릭하면 수량을 입력할 수 있습니다. 1회 구매는 일회성 구매이기 때문에 한 사람이 계속 구매할 수 있는 상태를 말하며 1인 구매는 한 사람이 몇 회 주문하더라도 구매할 수 있는 최대 수량을 제한하는 것입니다.

복수 구매 할인은 제품을 일정 수량 이상 구매했을 때 할인 혜택을 받도록 합니다.

설정함을 클릭하면 숨겨져 있던 입력항목이 나타납니다. 얼마 이상 구매시 얼마 만큼 할인 혜택을 적용받을 수 있는지 작성합니다. 주문 금액/수량은 단위가 "원"과 "개" 중에서 선택이 가능합니다.

<주문 금액/수량 설정>

할인 혜택 적용은 "%"와 "원" 중에서 선택이 가능합니다.

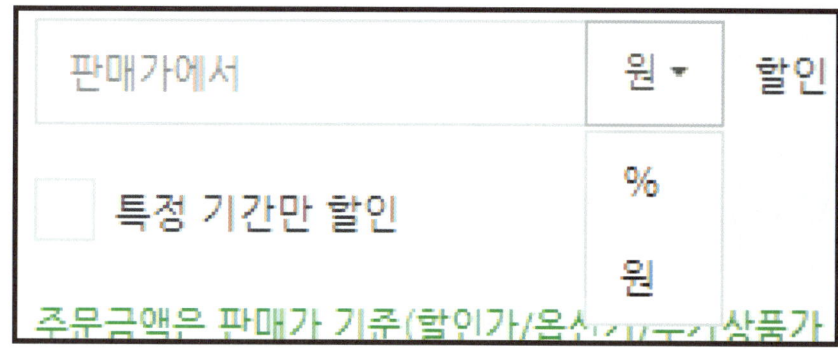

<할인 설정>

예를 들어 10개 이상 주문 시 300원 할인을 설정할 경우에는 아래와 같이 작성하면 됩니다.

10개 이상 구매 시 각각 1개 제품이 300원 할인되므로 10개를 구매한 주문 건은 총 3,000원 할인을 받게 됩니다. 제품 수량별 할인이 적용되므로 손해가 나지 않도록 계산 후 할인가를 설정하는 것이 중요합니다.
특정 기간에만 적용할 경우에는 **특정 기간만 할인** 부분 체크 후 설정합니다.

적용 사례를 보면 주문 수량이 9개일 때는 가격의 변화가 없지만 10개 수량일 경우에는 고객 할인 금액이 적용되는 것을 볼 수 있습니다. 이 외에도 복수 구매 할인이 적용된 상품은 상품 가격 정보 아래에 복수 구매 할인 적용 사항이 표기되어 있습니다.

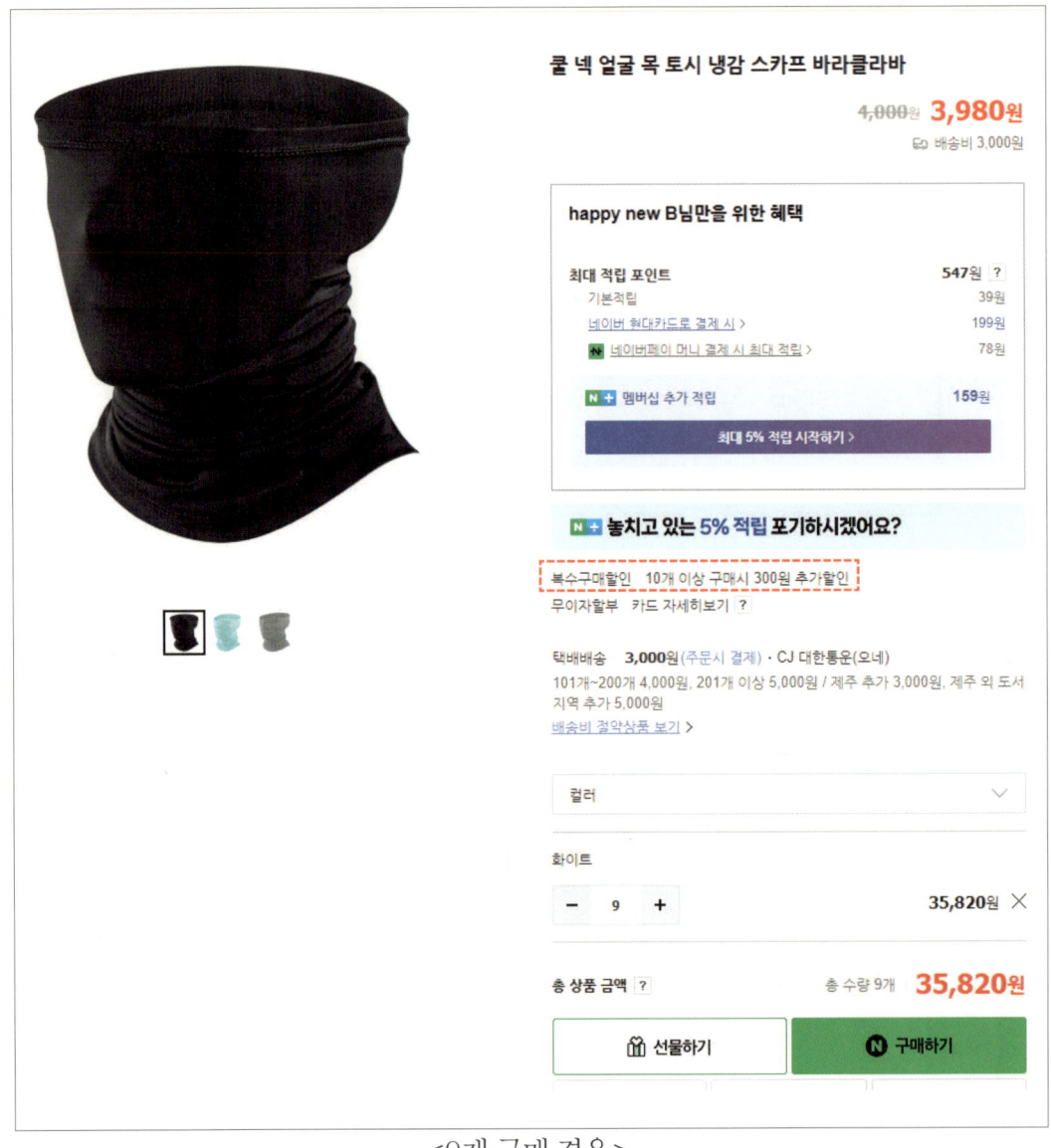

<9개 구매 경우>

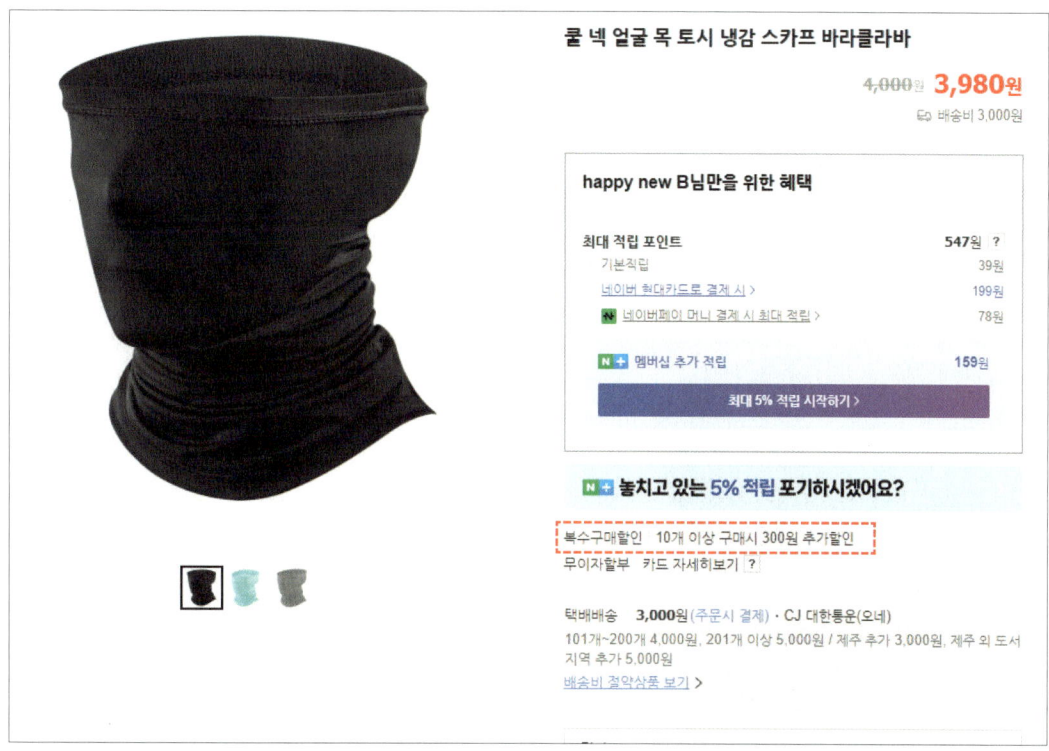

<10개 구매 경우 복수구매 할인 적용>

10개 구매 시 할인이 적용된 가격

스마트스토어는 제품 주문이 구매 확정될 경우 포인트가 적립되고 있습니다. 일반적으로 판매자와 상관없이 네이버 스마트스토어에서 주문 금액의 1% 포인트가 적립되고 있습니다. 주문 금액 외에 고객이 리뷰를 작성할 경우 리뷰 적립 포인트는 텍스트 리뷰 작성 시 50원 포토/동영상 리뷰 작성 시 150원을 적립되고 있는데 리뷰 적립 포인트는 제품 판매 가격이 3천원 미만일 경우에는 리뷰를 작성해도 리뷰 포인트가 적립되지 않습니다.

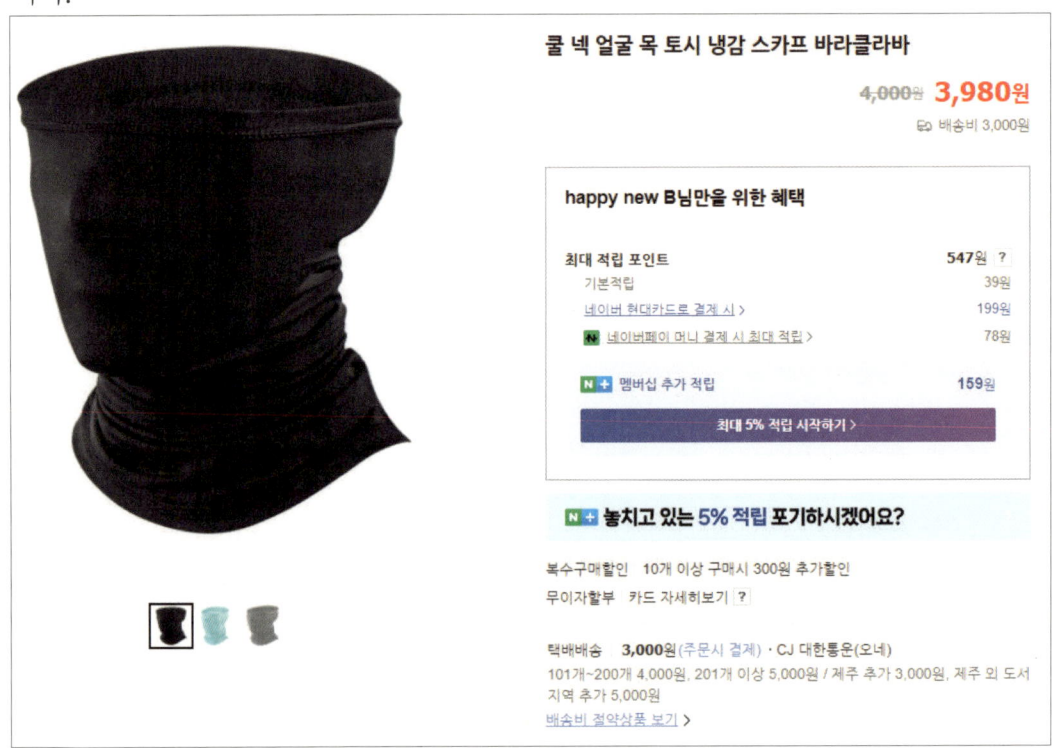

포인트 적립은 스마트스토어 판매 중인 상품 가격정보 하단에 최대 적립 포인트라는 문구를 확인할 수 있는데 "?" 버튼을 클릭하면 더 자세한 포인트 적립 내용을 확인할 수 있습니다.

구매 시 포인트 적립 영향으로 스마트스토어는 다른 판매 사이트에 비해 구매자들의 리뷰 작성 참여가 활발해 제품을 구매하는 고객들에게 영향력을 미치고 있어 추가로 구매가 이루어지는 데 긍정적인 역할을 하고 있습니다.

구매/혜택 조건에서 포인트 설정은 판매자가 직접 포인트를 제공하는 기능입니다. 포인트를 설정하게 되면 포인트 금액은 정산받는 금액에서 제외하고 정산을 받게 되고 구매자는 네이버 스마트스토어에서 제공하는 기본 적립 포인트 외에 판매자가 제공하는 포인트를 적립할 수 있게 됩니다. 판매량 증진 목적으로 포인트 제공을 적절하게 활용한다면 매출에 도움이 될 수 있습니다.

포인트는 구매 확정 시 적립되는 "구매 적립"과 리뷰 작성 시 적립되는 "리뷰 적립" 종류가 있습니다.

구매 적립은 단순 구매유도를 목표로 하며 리뷰 적립은 리뷰 활성화로 인해 잠재적인 유입고객으로 하여금 구매 전환을 일으킬 수 있도록 영향을 미치게 됩니다.

포인트 지급은 특정 기간만 지급 설정을 하게 될 경우 일시적 이벤트로 활용하기에도 적합합니다.

비활성화되어 있는 포인트 작성화면은 "상품구매 시 지급" 체크박스를 클릭하면 "%"와 "원" 중에서 선택하고 숫자를 입력할 수 있습니다.

상품리뷰 작성 시 지급 체크박스를 클릭하면 각각 리뷰 작성 포인트 지급을 설정할 수 있습니다. 네이버 스마트스토어에서 기본 제공하는 리뷰 작성 포인트는 텍스트 리뷰 작성은 50원 포토/동영상 리뷰 작성은 150원이 지급되고 있는데 만약 여기에서 판매자가 텍스트 리뷰 작성 포인트를 50원으로 설정할 경우에는 50원 + **50원**으로 총 100원이 리뷰 작성자에게 지급됩니다.

포인트 금액은 "10원" 이상부터 설정이 가능하고 상품리뷰 작성 시 지급을 체크 후 설정할 경우 텍스트 리뷰 작성과 포토/동영상 리뷰 작성 2개 항목이 필수 등록되어야 합니다.

포토/동영상 리뷰 작성 금액은 텍스트 리뷰 작성보다 크거나 같은 금액으로 설정되어야 합니다.

| 포인트 | ☑ 상품 구매 시 지급 |

10 원▼ 지급

☐ 특정 기간만 지급

할인가(또는 판매가) 기준으로 추가구매적립이 높을 경우 '특별 추가구매적립'으로 상품상세에 노출됩니다.
- 할인가(또는 판매가) 20만원 이하 상품은 적립률 비율이 5% 이상일 때
- 할인가(또는 판매가) 20만원 초과 상품은 적립금이 1만원 이상일 때

☑ 상품리뷰 작성시 지급 ⓘ

텍스트 리뷰와 포토/동영상 리뷰 포인트는 중복지급되지 않습니다.
포토/동영상 리뷰가 필요하시다면, 포토/동영상 리뷰 작성에 더 많은 포인트를 설정해보세요.

| 텍스트 리뷰 작성 | 포토/동영상 리뷰 작성 |
| 10 원 | 10 원 |

| 한달사용 텍스트 리뷰 작성 | 한달사용 포토/동영상 리뷰 작성 |
| 원 | 원 |

알림받기 동의 고객 리뷰 작성 ⓘ

원 추가

☐ 특정 기간만 지급

위 화면과 같이 포인트를 설정했을 때 스마트스토어 상품 화면에서 포인트 적용된 모습을 확인할 수 있습니다. 상품구매 시 지급은 "추가 적립 10원"으로 등록이 되었고 상품리

뷰 작성 시 지급은 네이버에서 제공하는 포인트에서 금액이 추가 되었습니다.

무이자할부 설정 시 수수료는 판매자에게 부담이 되니 신중하게 선택하도록 합니다. 사은품과 이벤트 설정 시 스마트스토어 상품 화면 가격정보 하단에서 문구가 노출되는 것을 확인할 수 있습니다.

15. 검색설정

검색어 반영이 되는 태그 등록은 10개까지 입력이 가능합니다. 태그는 네이버 태그 사전에 등록 되어있는 태그를 등록하도록 하고 작성이 다 되었다면 검색어 적용되는 태그 확인 버튼을 클릭해서 태그 등록이 맞게 되었는지 확인합니다.

페이지 타이틀에 작성한 한 문구는 스토어 상품 화면 브라우저 탭에 노출이 됩니다. 작성하지 않을 때는 상품명이 노출됩니다.

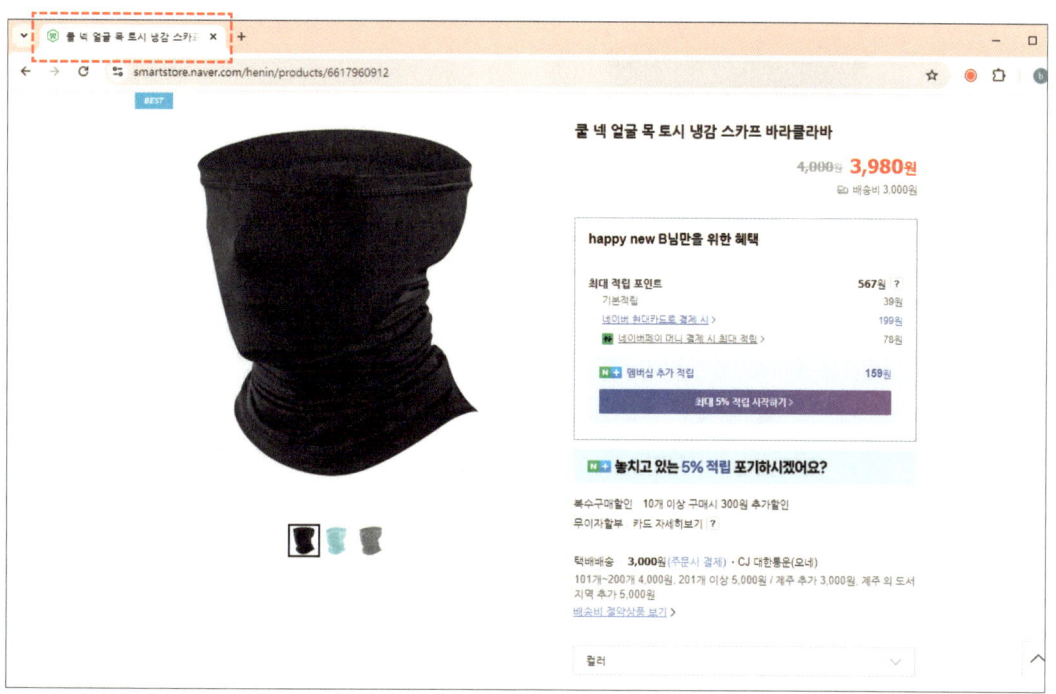

페이지 타이틀을 작성하지 않을 경우에는 페이지탭 문구가 상품명과 동일합니다

페이지 타이틀 내용 작성

페이지 타이틀 문구를 작성하면 브라우저 탭에 문구가 노출되는 것을 확인할 수 있습니다.

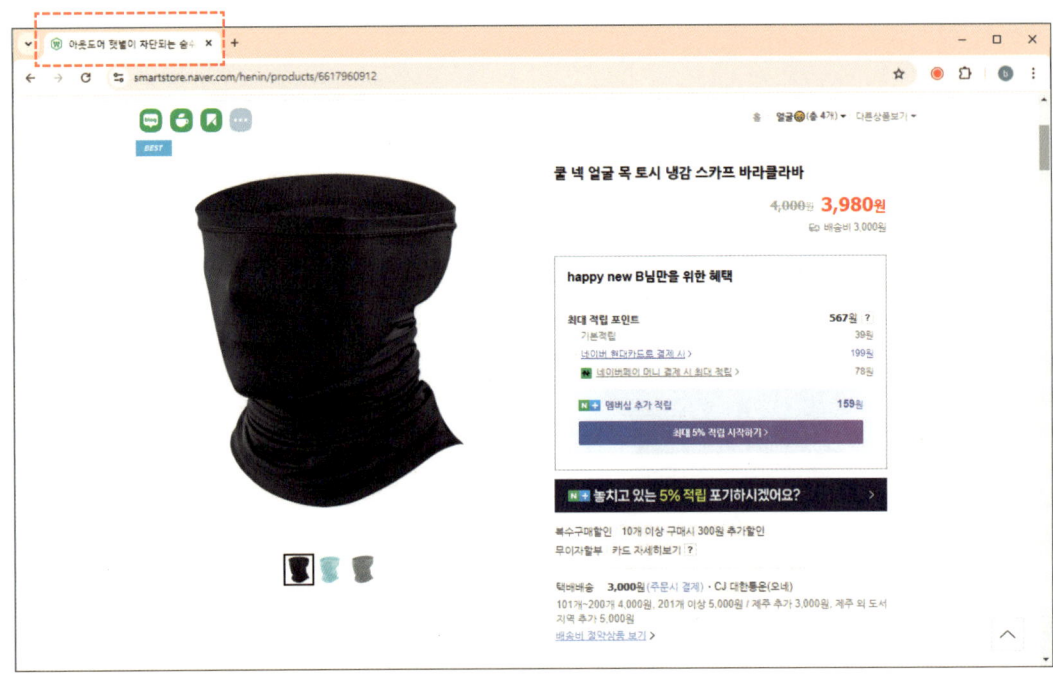

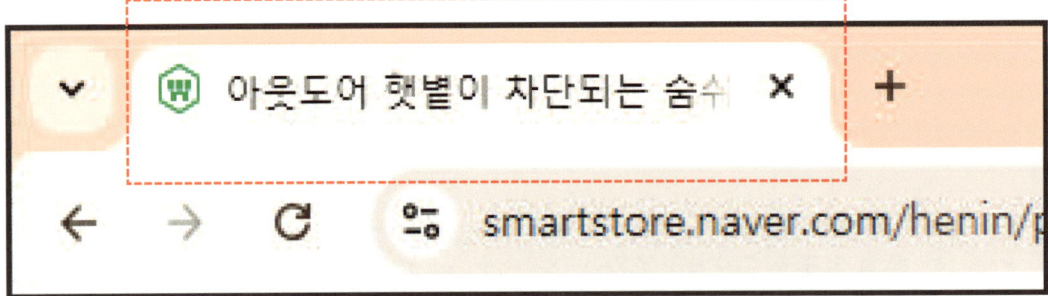

페이지 타이틀 작성하는 대로 문구가 노출됩니다.

Meta description은 SNS에 공유할 때 소개글에 보이는 문구입니다.
스마트스토어 판매 상품 상단 대표 이미지 사진 왼쪽 상단에서 점 3개가 있는 버튼을 클릭하면 공유하기 화면이 나옵니다.

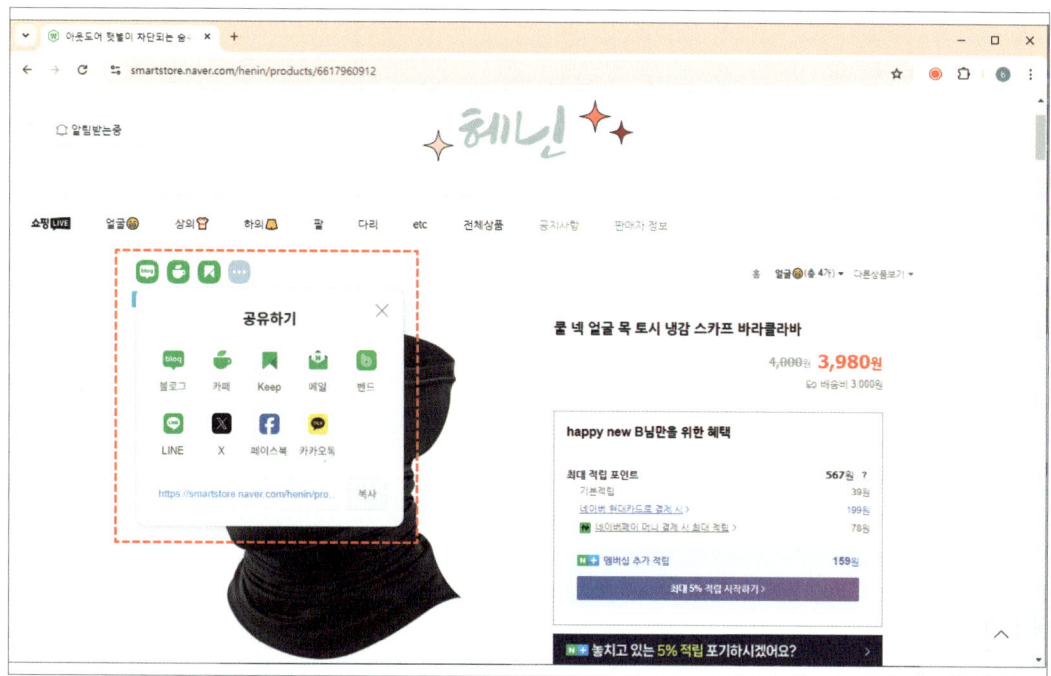

전송하려는 SNS 버튼을 클릭하면 해당 접속 SNS 로그인을 한 후 전송할 수 있습니다. Meta description 문구를 "뜨거운 햇볕 아래 피부 보호를 위한 시원한 쿨링감 아웃도어 마스크"라고 작성 후 메일 공유하기 버튼을 클릭하면 제목에는 상품명, 메일 내용에 있는 제품 제목은 페이지 타이틀이 있고, 사진 왼쪽에 Meta description 문구가 소개글로 작성된 것을 확인할 수 있습니다. 페이지 타이틀과 Meta description은 작성하지 않아도 등록하는 데 문제가 없지만 더 다양한 검색 반영과 SNS 공유 시 제품에 대한 이해를 돕도록 합니다.

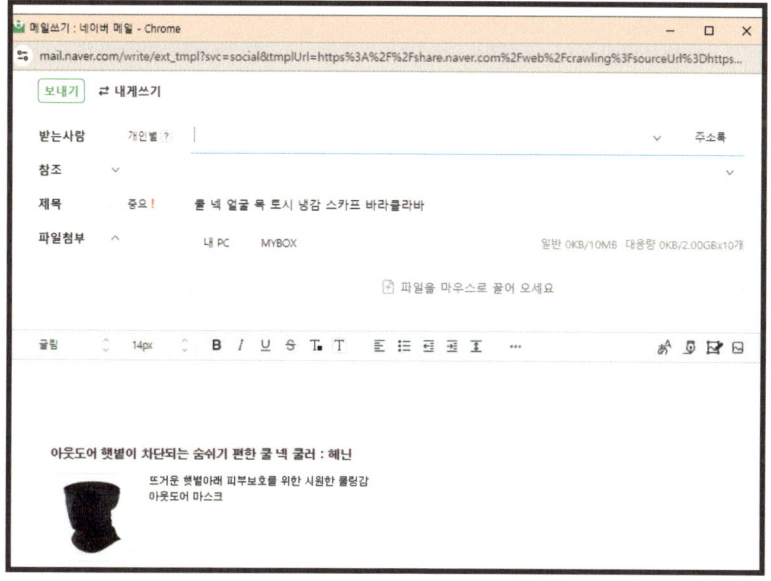

16. 판매자 코드

판매자 코드는 주문 시 스마트스토어 시스템에서 확인하는 내용으로 재고관리에 용이하게 사용할 수 있습니다. 스토어 상품 고객 유입 화면에서는 노출되지 않는 영역입니다.

17. 노출 채널

노출 채널에서는 평소 설정한 내용이 그대로 반영되어 있어 별도 수정이 불필요합니다. 여기에서도 상품명 등록 항목이 있어 "스마트스토어전용 상품명 사용" 체크를 할 경우 상품명을 작성할 수 있는데, 상품명을 작성할 경우에는 앞에서 등록한 기존 상품명이 아닌 이 항목에서 작성한 스마트스토어전용 상품명이 노출됩니다.

가격비교 사이트 등록은 체크가 되어 있어야 네이버에서 구매자들이 검색할 경우 쇼핑 검색에서 등록한 상품이 노출됩니다. 만약 체크해지를 할 경우에는 네이버 검색에서 해당 제품은 보이지 않습니다. 전시 상태를 전시 중지로 할 경우 스토어에서 해당 제품은 보이지 않습니다. 알림 받기 동의 고객 전용 상품은 알림 받기를 한 고객만 구매가 가능하도록 설정됩니다.

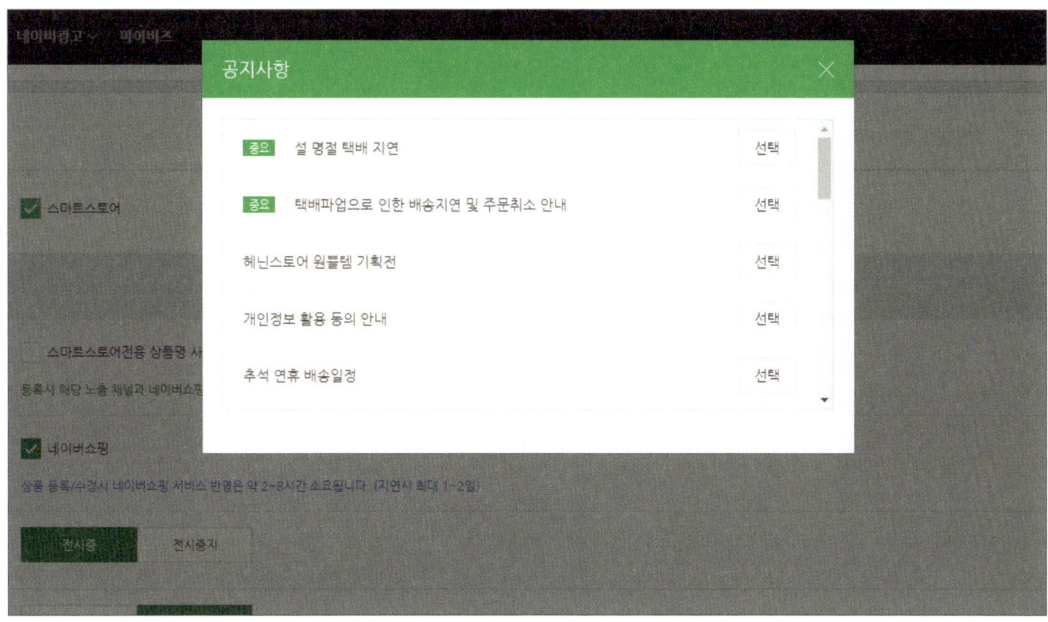

공지사항은 설정함을 할 경우 "스마트스토어센터 / 상품관리 / 공지사항 관리"에서 등록한 공지사항 종류 팝업창이 열리고 선택하면 해당 공지사항이 등록한 상품 상단에 노출이 됩니다. 상품별 공지사항이 필요할 경우에 설정하면 되겠습니다.

상품등록 작성을 모두 마쳤습니다. 상품등록 화면에서 제일 하단에는 아래와 같은 **쇼핑 상품정보 검색품질 체크** 버튼이 있습니다.

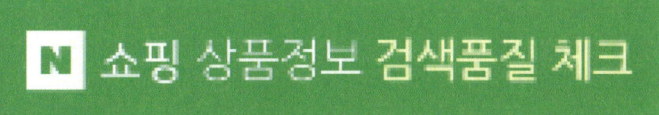

점검필요 항목에서 빨간 점이 표기된 곳이 있다면 해당 부분을 수정 후 최종적으로 점검 필요 부분이 모두 " – " 가 되도록 합니다. 확인 버튼을 클릭하면 상품정보 검색품질 체크 팝업창은 닫히게 됩니다.

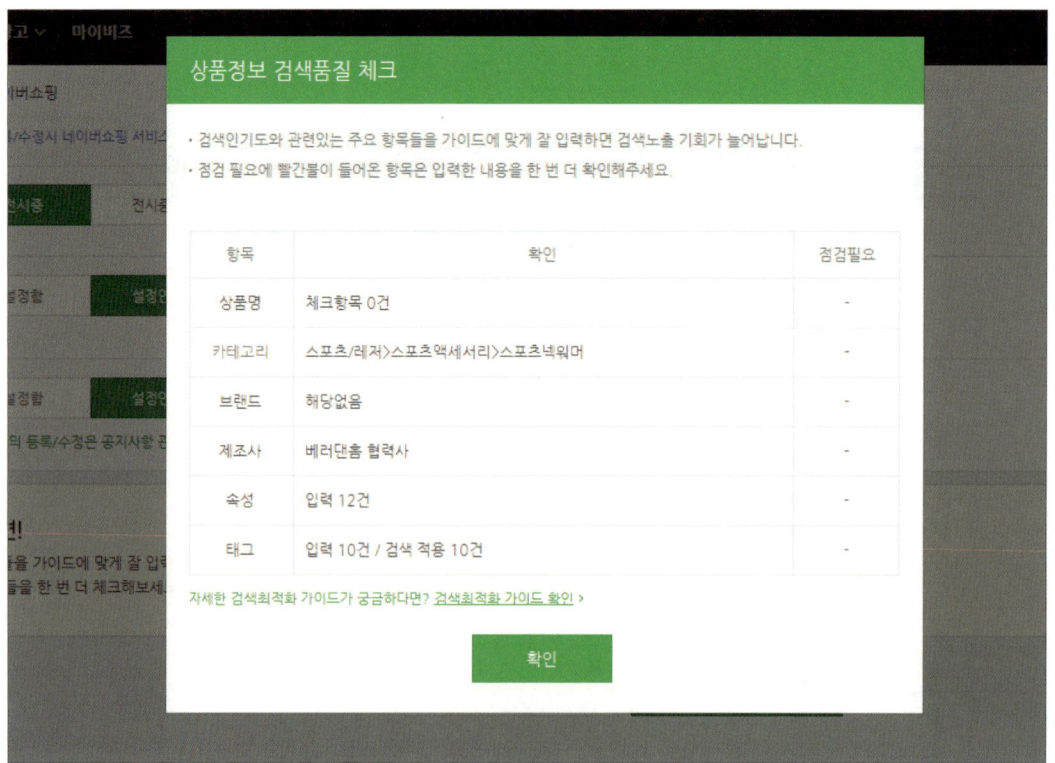

점검 필요한 부분이 없다면 확인 버튼을 클릭해서 팝업창을 닫은 후
우측 하단에 있는 저장하기를 클릭합니다

상품등록이 완료되었다는 문구와 함께 "스마트스토어 상품보기"와 "상품관리" 버튼이 나오게 되는 팝업창이 뜹니다.
스마트스토어 상품보기는 스마트스토어에서 등록된 상품을 확인할 수 있고 상품관리는 스마트스토어센터 해당 제품이 등록된 리스트를 확인할 수 있습니다.

★판매 제품 경쟁력 분석 사이트

1. 판다랭크(https://pandarank.net/)

2. 아이템스카우트(https://itemscout.io/)

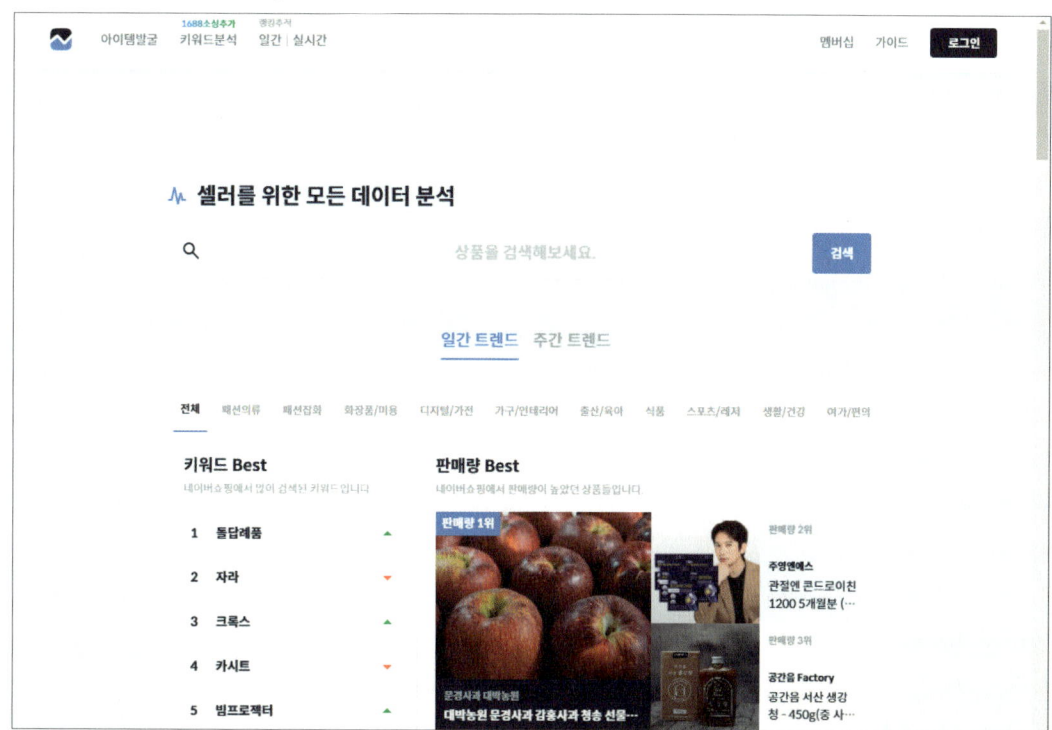

키워드를 검색하면 검색량과 경쟁 강도를 분석할 수 있어 판매 중인 제품 판매 전략에 도움이 됩니다.

05.
스마트스토어 상품·배송·공지사항 관리

5. 스마트스토어 상품·배송·공지사항 관리

1. 스마트스토어 상품조회 관리

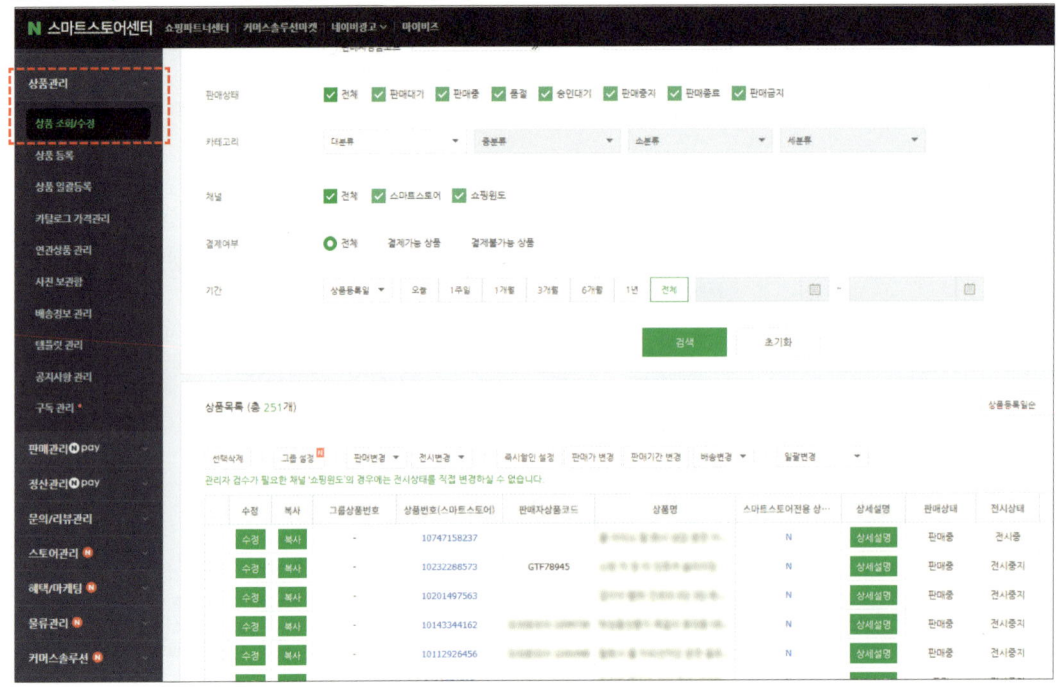

등록할 상품을 조회하는 방법은 왼쪽 메뉴바에서 "상품관리 / 상품 조회 수정" 버튼을 선택합니다. 스크롤을 내리면 등록한 상품 리스트를 확인할 수 있습니다.

화면 상단에 보면 등록한 상품 수와 판매 중 상품, 판매 중지 상품 등 스토어 상품 현현황에 관해 확인이 가능합니다.

상품목록 리스트를 확인할 수 있으며, 왼쪽 체크박스 옆에 있는 "수정" 버튼을 클릭하면 해당 상품을 등록했던 페이지로 전환되고 수정하려는 부분만 수정 후 저장하기를 클릭하면 수정이 완료됩니다.

왼쪽 체크박스를 클릭해서 다수의 등록 제품을 선택 후 일괄 수정도 가능합니다.
체크박스에서 동일하게 수정하려는 상품들을 선택하고 상단에 버튼 선택삭제부터 배송 변경 버튼이 있으니 해당하는 설정을 일괄 수정하고 수정이 완료된 후에는 반드시 오른쪽 상단에 수정저장 버튼을 클릭해서 수정된 내용 저장을 하도록 합니다.

2. 배송 정보 관리

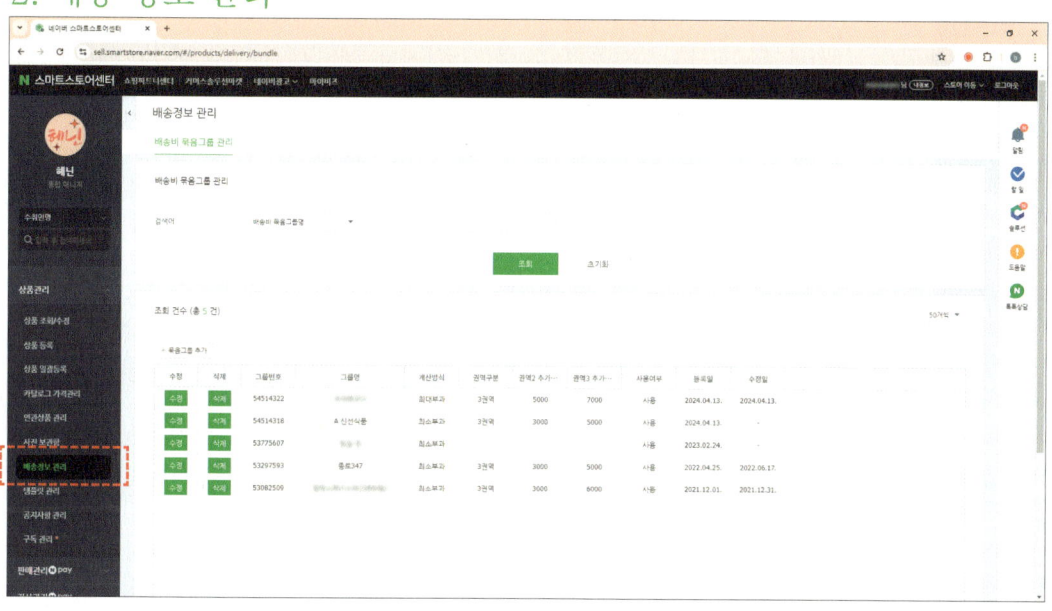

"상품관리 / 배송정보관리" 를 클릭하면 배송 정보 관리 묶음 그룹을 설정할 수 있습니다.

묶음 그룹을 설정하게 되면 판매 중인 제품의 발송처가 같을 경우 합 배송이 가능합니다. 합배송은 배송비를 절약할 수 있기 때문에 구매자 입장에서 선호하는 방식이고 판매자의 입장에서도 판매량을 늘릴 수 있습니다.

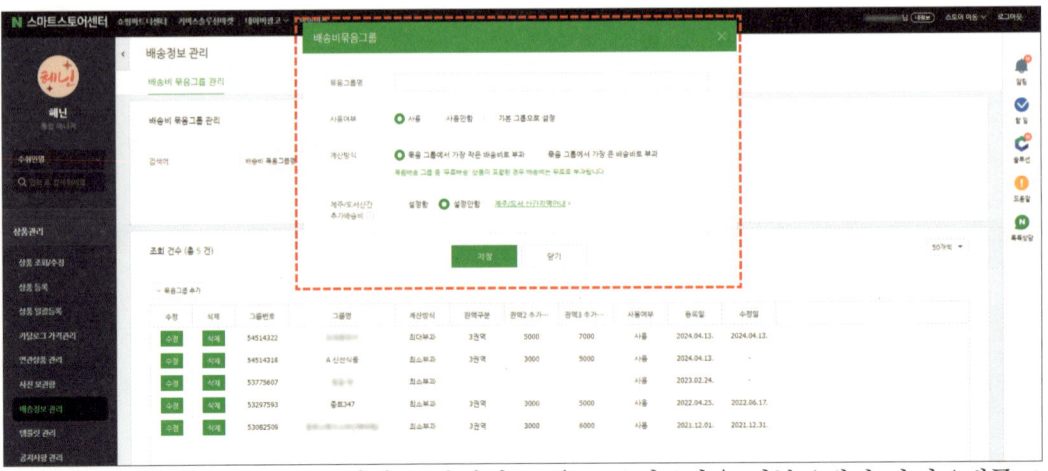

①묶음그룹 추가버튼을 클릭합니다

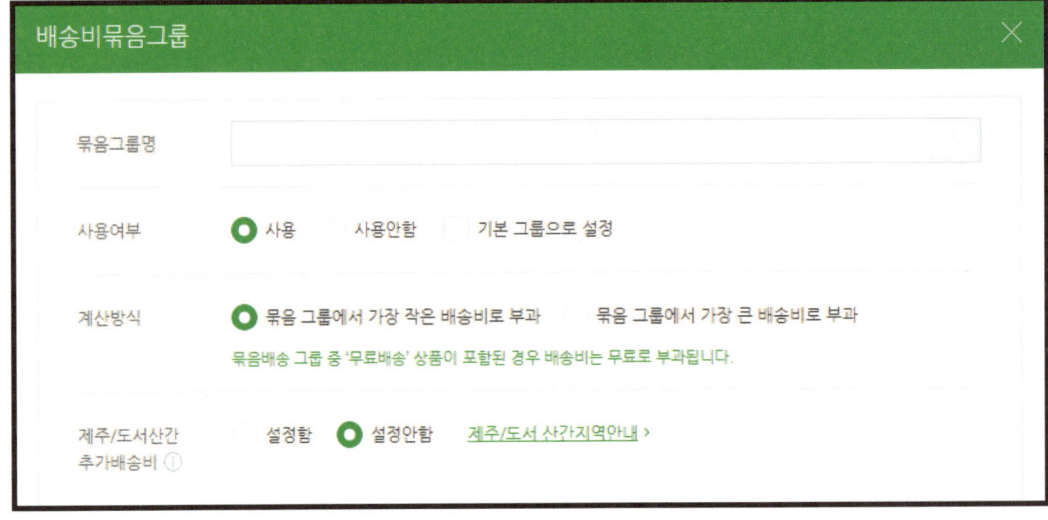

②배송비묶음그룹 팝업창이 열리게 됩니다. 묶음그룹명 / 사용 여부 / 계산 방식 / 제주도 서산간 추가 배송비 설정을 할 수 있습니다.

묶음 그룹명은 관리하기 편한 이름으로 작성합니다.

사용 여부는 사용에 체크하도록 하고 기본으로 설정할 경우에는 기본 그룹으로 설정에 체크를 합니다.

계산 방식은 작은 배송비로 부과와 큰 배송비 부과 선택을 하면 됩니다
예를 들어 양말 상품등록 시 배송료를 3,000원이고 패딩 상품등록 시 배송료를 5,000원으로 설정할 경우 배송비 묶음을 설정할 경우 배송비용은 상이한 상태에서 어떤 배송비를 선택할지 결정합니다. 두 제품을 구매했을 때 부피가 작은 3,000원 배송비용을 부과한다면 추가되는 비용은 판매자가 부담하게 되는데 이때 선택은 "묶음 그룹에서 가장 작은 배송비로 부과"를 선택하면 됩니다. 만약 배송비가 많이 나오는 제품을 기준으로 책정한다면 "묶음 그룹에서 가장 큰 배송비로 부과"를 설정하면 됩니다. 만약 묶음 배송 그룹 중 무료배송 상품이 포함되었는데 "묶음 그룹에서 가장 작은 배송비로 부과" 될 경우에는 무료배송으로 진행이 됩니다.

제주/도서산간 추가 배송비는 제주도나 제주도외 교통이 원활하지 않은 도서·산간에 배송비를 추가하는 설정입니다.

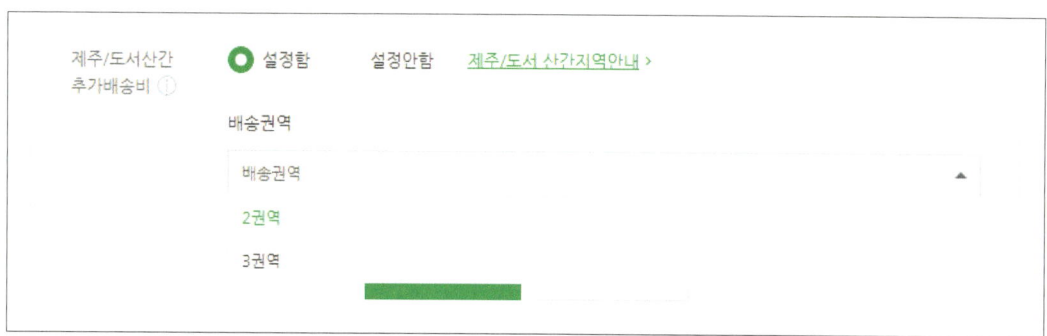

배송권역 설정은 2권역과 3권역이 있습니다. 2권역은 제주 / 도서산간 배송비용을 동일하게 추가합니다. 일반적으로 택배사에서 배송할 때 제주와 도서·산간 배송비용 추가 비용은 다르게 설정되는 데 제주도 추가비용이 3천원일 경우 도서·산간은 5천원으로 발생하는 등 차이가 있습니다. 다만 우체국 배송의 경우는 제주도와 도서·산간 추가 비용이 동일하게 발생하고 있으니 계약된 택배사에 문의하면 정확한 비용 설정이 가능하겠습니다.

<2권역 설정>

제주와 도서·산간 추가 배송비용을 동일하게 설정합니다

<3권역 설정>

제주와 도서·산간 추가 배송비용을 각각 설정합니다.

내용을 작성 후 저장 버튼을 클릭합니다.

배송 묶음 그룹에 리스트가 생성된 것을 확인할 수 있습니다.

상품등록 배송 설정에서 묶음 배송으로 가능으로 선택하면 오른쪽에 배송비 묶음 그룹 선택이라는 버튼을 확인할 수 있습니다. 배송비 묶음 그룹 선택 버튼을 클릭하면 배송 묶음 그룹 리스트 팝업창이 열리게 됩니다.

다음 페이지 화면 <배송비 묶음 그룹 리스트>처럼 배송비 묶음 그룹 리스트를 확인할 수 있습니다. 상품을 등록할 때는 해당 묶음 그룹을 선택합니다.

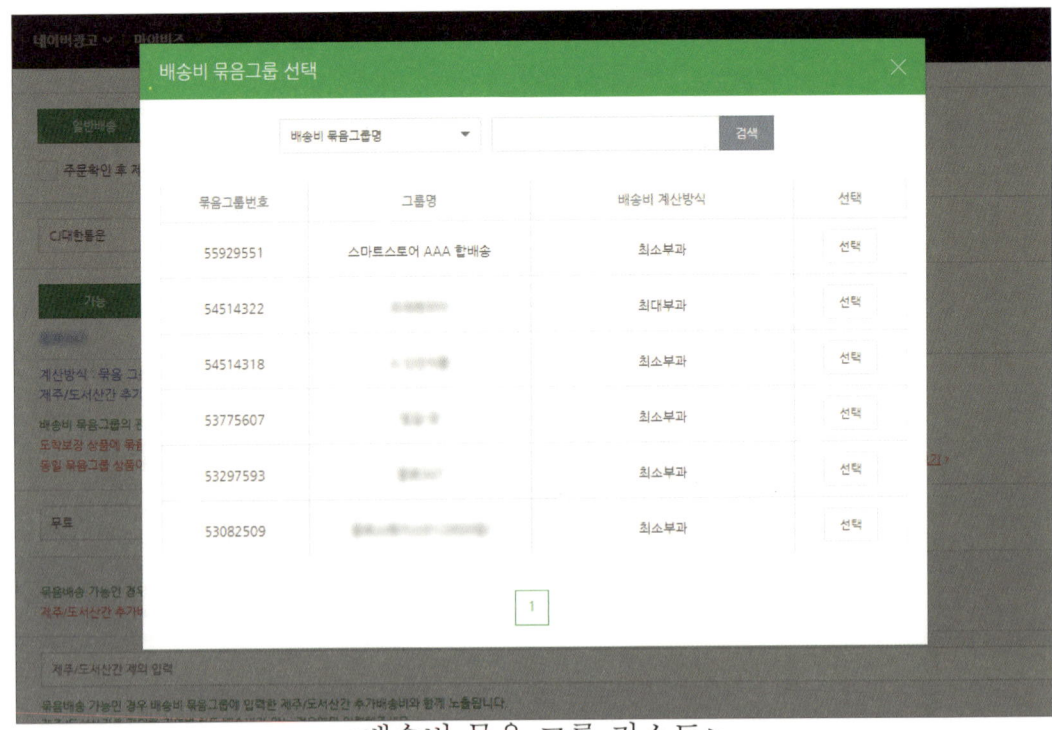

<배송비 묶음 그룹 리스트>

배송 설정에서 묶음 그룹을 할 경우 상품 페이지에서 "배송지 절약 상품 보기" 라는 링크가 생성되고 클릭하면 합 배송이 가능한 제품리스트를 확인할 수 있어 추가 구매를 유

도 해서 판매량을 늘릴 수 있습니다.

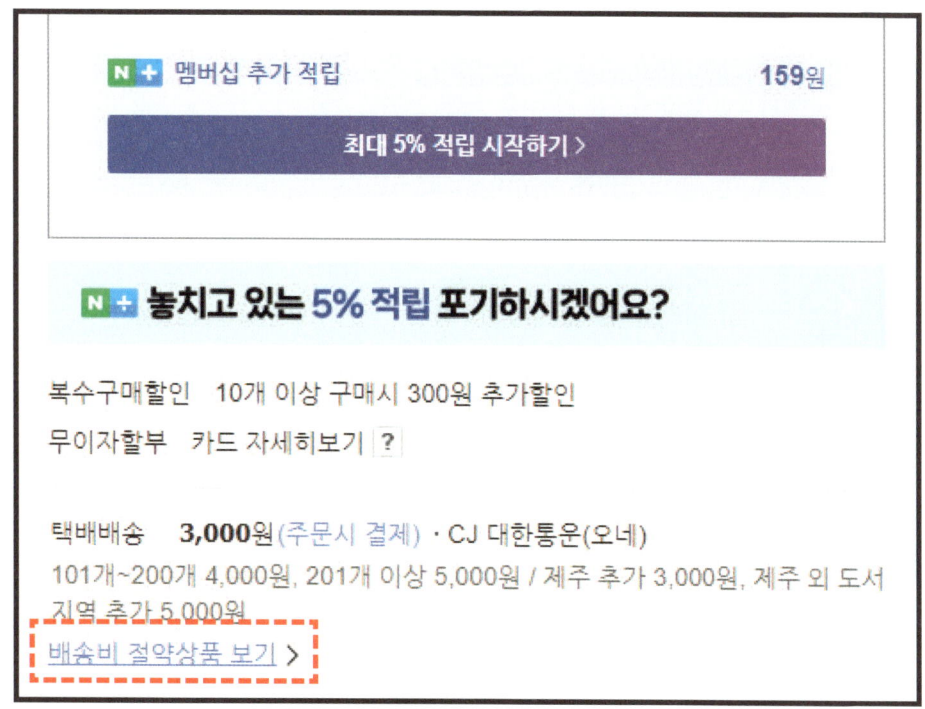

3. 공지사항 관리

스마트스토어에서 공지사항을 등록하는 것은 고객과의 소통을 원활하게 하고, 중요한 정보(이벤트, 배송 일정, 환불 정책 등)를 명확히 전달하는 데 중요한 역할을 합니다. 고객이 스토어를 방문했을 때 중요한 내용을 쉽게 확인할 수 있도록 공지사항을 설정하는 것이 좋습니다. 아래는 스마트스토어에서 공지사항을 등록하는 절차를 단계별로 설명한 가이드입니다.

① 스마트스토어 센터 / 상품관리 / 공지사항관리

② 공지사항 작성하기

오른쪽 상단 "새 상품 공지사항 등록" 버튼을 클릭합니다.

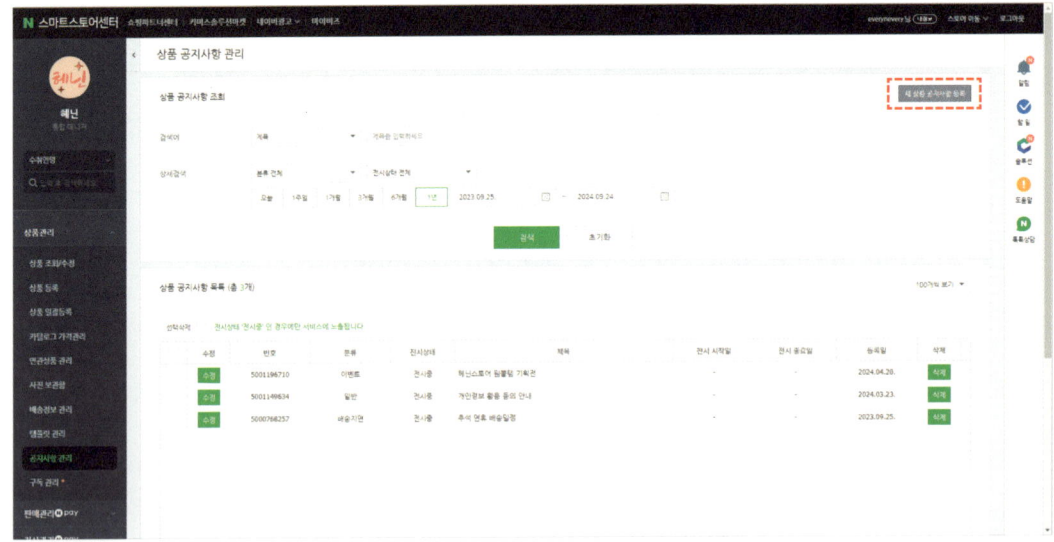

<공지사항 등록 버튼>

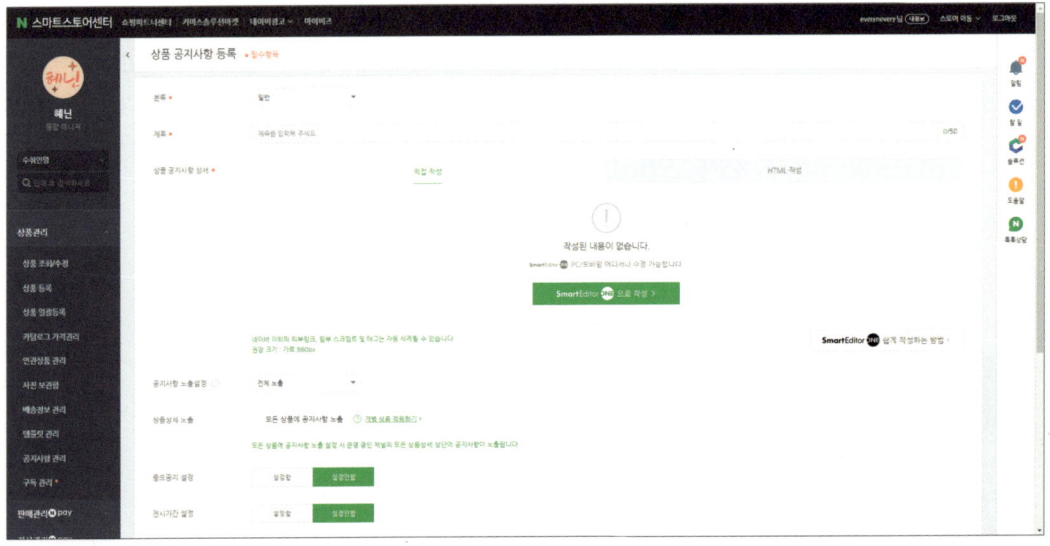

공지사항을 작성할 때는 명확하고 간결하게 작성하여 고객이 필요한 정보를 빠르게 이해할 수 있도록 해야 합니다. 다음은 공지사항 작성 시 고려해야 할 항목들입니다.

공지사항 제목 작성
제목은 고객의 눈에 쉽게 띄고, 내용을 명확하게 전달할 수 있는 제목을 작성해야 합니다.
예) "추석 연휴 배송 안내", "신상품 출시 기념 할인 이벤트"

공지사항 내용 작성
내용은 공지하고자 하는 정보를 명확하고 상세하게 작성해야 합니다. 고객이 공지사항을 보고 이해하기 쉽게 중요한 정보는 한눈에 들어오도록 작성하세요.
예) "추석 연휴 동안 주문하신 상품은 10월 1일 이후 순차 발송됩니다."
"신상품 출시 기념으로 9월 15일부터 9월 30일까지 전 상품 20% 할인 이벤트를 진행합니다."

이미지 및 파일 첨부 (선택 사항)
필요에 따라 공지사항에 이미지나 파일을 첨부할 수 있습니다. 예를 들어, 이벤트 배너나 세부 설명 자료가 필요하다면 이미지를 업로드해 더 직관적인 공지사항을 작성할 수 있습니다.
예) 이벤트 배너 이미지, 배송 일정표

공지사항 노출 기간 설정
공지사항이 고객에게 언제부터 언제까지 노출될지를 설정할 수 있습니다. 일시적인 이벤트나 배송 안내의 경우 기간을 설정하여 자동으로 공지사항이 게시되고 종료될 수 있습니다.
예) "9월 15일 ~ 9월 30일"
 *상시 공지가 필요한 경우, 노출 기간을 설정하지 않고 지속적으로 공지사항을 유지할 수도 있습니다.

③ 공지사항 미리보기 및 저장
미리보기 확인
공지사항을 작성한 후, 미리보기 기능을 통해 실제 고객이 보게 될 화면을 확인할 수 있습니다. 오탈자나 내용의 오류가 없는지 점검하고, 수정이 필요하다면 수정 후 다시 확인합니다.

저장 및 등록
작성이 완료되면 저장 버튼을 클릭하여 공지사항을 등록합니다. 공지사항은 설정된 기간 동안 스마트스토어의 메인 페이지 또는 설정된 위치에 노출됩니다.

④ 공지사항 관리
이미 등록된 공지사항은 필요에 따라 수정하거나 삭제할 수 있습니다. 또한, 고객에게 가장 중요한 공지사항을 상단 고정으로 설정하여 가장 먼저 보이게 할 수 있습니다.

공지사항 수정
등록된 공지사항에 수정이 필요하면, 관리자 화면에서 공지사항 목록으로 이동한 후 해당 공지사항을 선택하여 수정할 수 있습니다.
예) 이벤트 기간 연장, 배송 일정 변경 등

공지사항 삭제
더 이상 필요하지 않은 공지사항은 삭제하여 고객에게 표시되지 않도록 할 수 있습니다.

상단 고정 설정
고객이 반드시 확인해야 할 공지사항은 상단 고정 설정을 통해 스토어 메인 페이지 상단에 고정할 수 있습니다. 이렇게 하면 방문자가 가장 먼저 공지사항을 확인할 수 있습니다.
예) "배송 지연 안내" 상단 고정.

⑤ 공지사항 내용 예시
배송 관련 공지 예시
제목 : 추석 연휴 배송 안내
내용 : 추석 연휴 동안 주문하신 상품은 10월 1일 이후 순차적으로 발송됩니다. 연휴 기간 동안 주문량이 많아 다소 지연될 수 있으니 양해 부탁드립니다. 자세한 문의는 고객센터로 연락해 주세요.

이벤트 관련 공지 예시
제목 : 여름 세일 이벤트! 전 상품 20% 할인

내용 : 8월 1일부터 8월 15일까지 여름 세일 이벤트를 진행합니다. 전 상품 20% 할인! 신상품도 할인 혜택을 받을 수 있으니 많은 관심 부탁드립니다. 구매 시 할인 쿠폰을 꼭 적용해 주세요. 자세한 내용은 이벤트 페이지를 참고해 주세요.

환불/교환 정책 변경 예시
제목 : 환불 및 교환 정책 변경 안내
내용 : 2023년 9월 1일부터 환불 및 교환 정책이 변경됩니다. 변경된 정책에 따라 모든 상품의 환불 및 교환은 상품 수령 후 7일 이내에 가능합니다. 자세한 내용은 고객센터로 문의해 주세요.

⑥ 공지사항 노출 위치 및 효과적인 활용
공지사항은 스토어 메인 페이지 또는 고객이 자주 확인하는 주요 위치에 노출됩니다. 특히 다음과 같은 상황에서 공지사항을 효과적으로 활용할 수 있습니다

이벤트 및 프로모션 알림
특정 기간 진행되는 할인 이벤트나 기념행사를 공지하여 고객 참여를 유도합니다.

배송 지연 안내
명절이나 공휴일 등으로 인해 배송이 지연될 때 미리 공지하여 고객 불만을 최소화할 수 있습니다.

환불/교환 정책 안내
스토어의 환불 및 교환 정책을 상세히 공지하여 고객이 미리 확인할 수 있게 합니다.

06.
스마트스토어 주문관리

6. 스마트스토어 주문관리

스마트스토어에서 주문 관리는 고객이 주문한 상품을 신속하고 정확하게 처리하는 중요한 업무입니다. 주문관리가 효율적으로 이루어지면 고객 만족도도 높아지고, 매출 증가에 기여할 수 있습니다. 아래는 스마트스토어에서 주문을 관리하는 방법에 대한 단계별 설명입니다.

1. 스마트스토어 주문관리 확인

①스마트스토어 센터 접속
네이버 스마트스토어센터에 접속합니다.
접속 URL: 스마트스토어센터
스마트스토어 계정으로 로그인합니다.

② 대시보드로 이동
로그인 후 스마트스토어 대시보드는 기본적으로 첫 화면에 나타납니다.
대시보드에서 현재 스토어의 주요 지표를 실시간으로 확인할 수 있습니다. 로그인 후 상단 메뉴에서 "주문/배송" 탭 "신규 주문"에서 현재 접수된 주문을 확인할 수 있습니다. 신규 주문에 있는 숫자를 클릭해 주문 확인 화면으로 전환합니다.

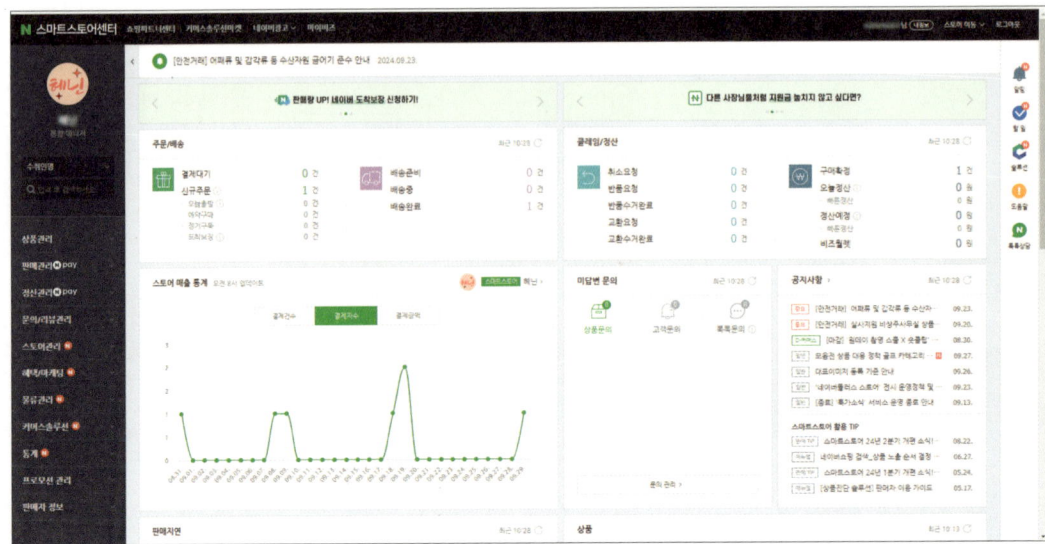

2. 주문 확인 및 처리 절차

① 주문 상태 확인

주문 관리 페이지에서는 주문 상태별로 주문 목록을 확인할 수 있습니다. 주요 주문 상태는 다음과 같습니다:

결제 대기 : 고객이 주문했지만, 아직 결제가 완료되지 않은 상태입니다.
신규 주문 : 고객이 결제를 완료한 상태로, 이제 주문 처리를 시작할 수 있습니다.
배송 준비 중 : 주문이 확인되어 상품을 준비하는 단계입니다.
배송 중 : 상품이 배송 중이며, 택배사 정보와 송장 번호를 입력하여 고객이 배송 상태를 확인할 수 있습니다.
배송 완료 : 고객이 상품을 받은 상태로, 거래가 완료된 상태입니다.

② 주문서 확인

결제 완료된 주문서를 클릭하여 고객의 주문 내용을 확인합니다. 여기에는 주문한 상품, 수량, 배송지 정보 등이 포함됩니다.
고객의 주문이 여러 건일 경우, 묶음 배송 처리가 가능하니 꼭 확인하세요.

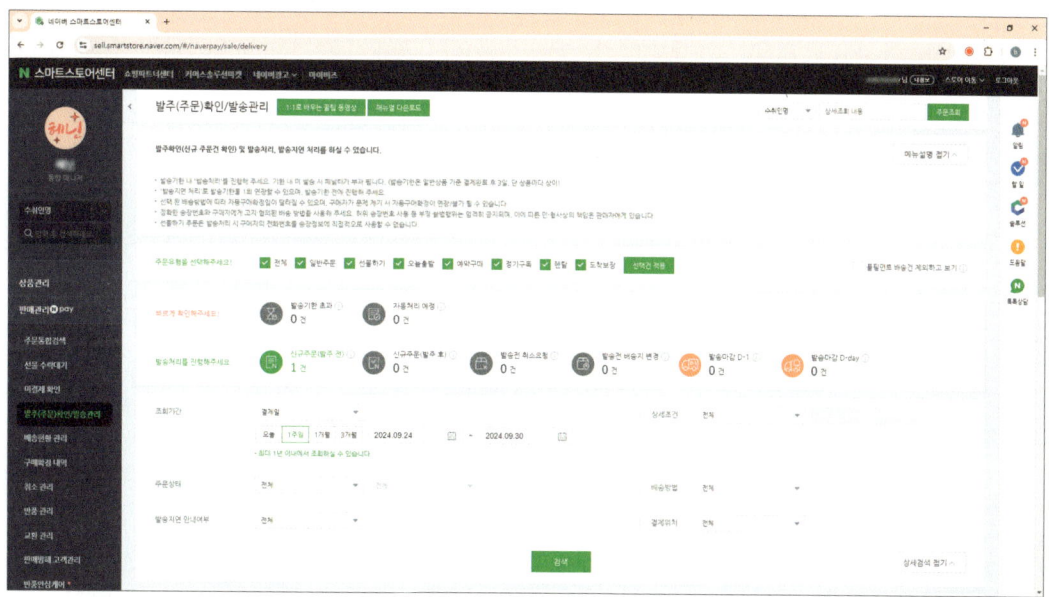

③ 재고 확인 및 배송 준비

고객이 주문한 상품의 재고 상태를 확인합니다.
재고가 충분하다면 상품을 포장하고, 배송 준비를 시작합니다.

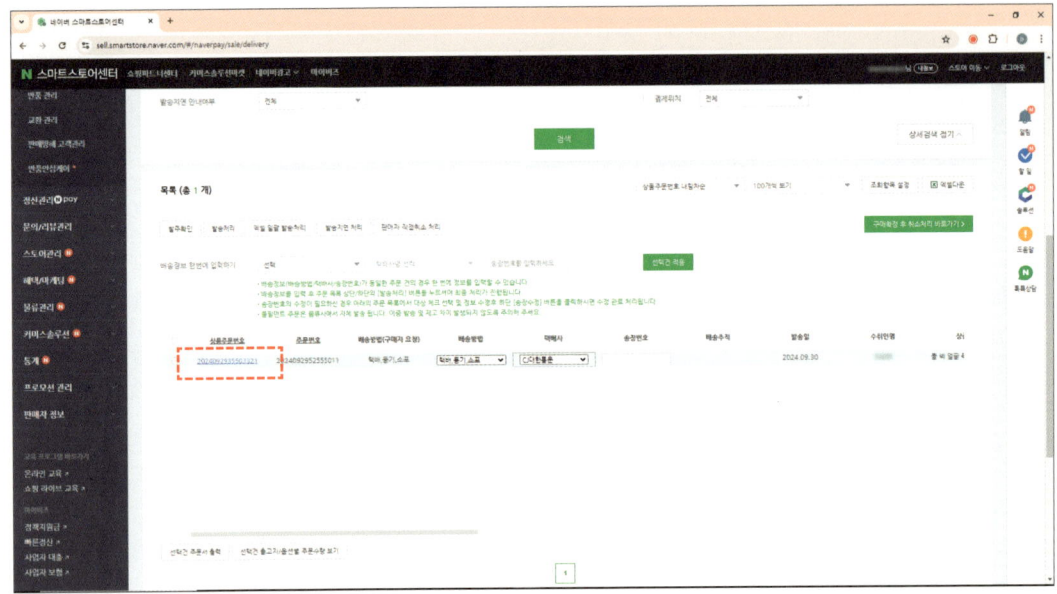

상품 주문 번호를 클릭하면 주문 상세 정보를 확인할 수 있는 팝업창이 열리게 됩니다.

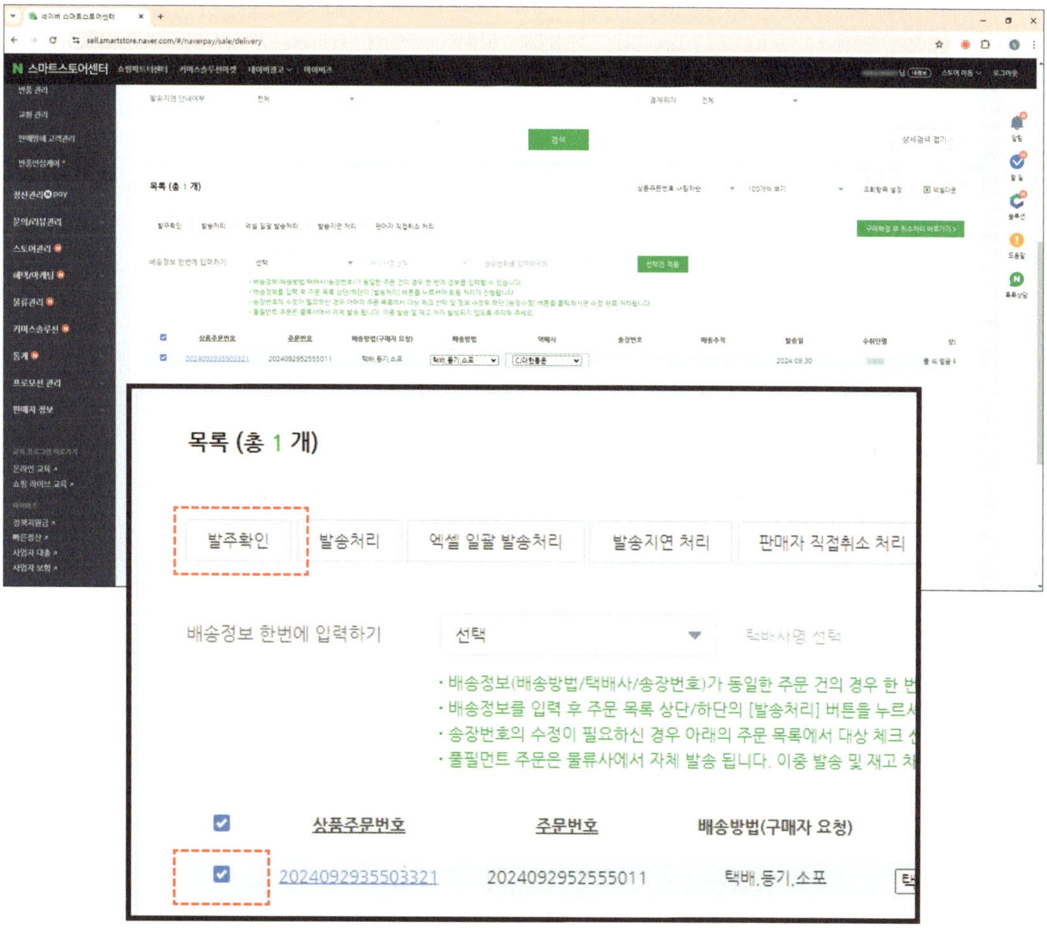

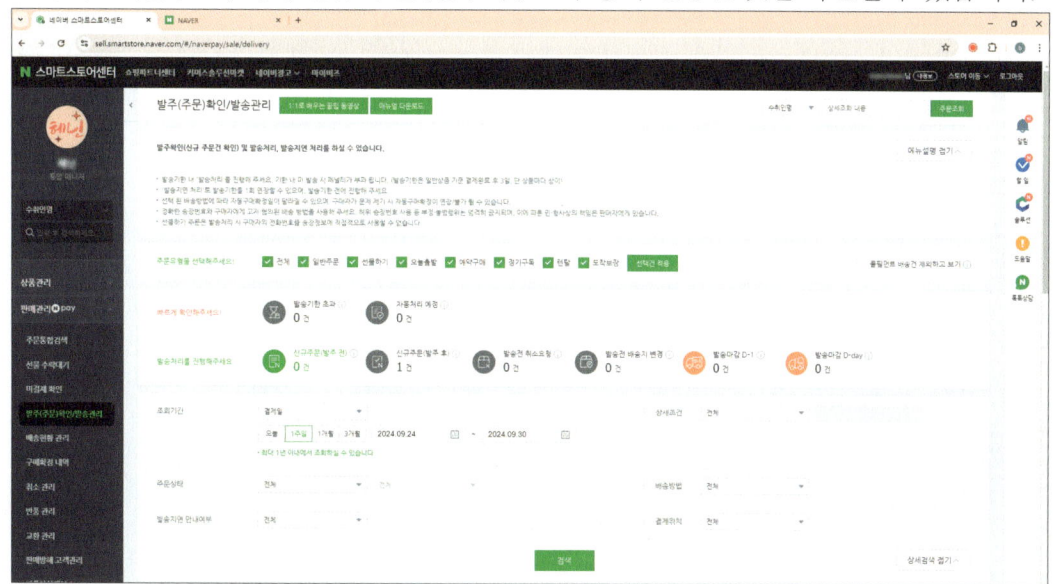

주문 확인 후 배송을 준비하기 전에 주문 번호 체크 후 발주 확인 버튼을 클릭합니다
신규 주문(발주 전)에서 신규 주문(발주 후)로 수량이 변경된 것을 확인할 수 있습니다.

 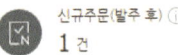 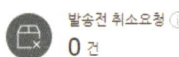 

스마트스토어의 주문 관리 시스템에서 신규 주문(발주 전)과 신규 주문(발주 후)는 주문 처리 과정에서 다른 상태를 의미합니다. 두 단계는 상품이 발주되고 배송 준비가 되는 시점을 기준으로 나뉩니다. 아래는 두 상태의 차이점과 각각의 의미를 설명한 내용입니다.

- 신규 주문(발주 전)

신규 주문(발주 전) 상태는 고객이 결제를 완료한 후, 스토어에서 발주 처리를 하기 전의 상태를 의미합니다. 이 상태에서는 아직 상품을 발송할 준비를 하지 않았으며, 스토어 측에서 주문을 확인하고, 발주 처리를 해야 하는 단계입니다.

주요 특징
고객 결제 완료: 고객이 결제를 완료한 상태이며, 스토어에서 확인을 기다리는 단계입니다.
스토어의 처리 필요: 스토어 운영자가 주문을 확인하고 발주를 처리해야 합니다. 즉, 아직 상품 준비나 포장에 들어가지 않은 상태입니다.
발주 가능 상태: 이 상태에서는 스토어 측에서 재고를 확인하고, 재고가 있는지 확인 후 발주 처리를 진행해야 합니다.

처리 방법
주문 확인: 스토어 운영자는 이 상태에서 주문 내용을 확인하고, 주문에 이상이 없는지 검토합니다.
발주 처리: 발주 처리 버튼을 눌러 상품 준비를 시작합니다. 발주 처리 후 상태가 신규 주문(발주 후)로 변경됩니다.

- 신규 주문(발주 후)

신규 주문(발주 후) 상태는 스토어에서 발주를 완료하고, 상품을 준비 중인 상태를 의미합니다. 발주 후에는 상품 포장이나 배송 준비가 진행되며, 실제로 고객에게 발송하기 위한 과정이 진행 중입니다.

주요 특징

발주 완료 : 스토어 측에서 발주 처리를 완료한 상태로, 이제 상품이 포장 및 준비 중인 단계입니다.

배송 준비 진행 중 : 발주가 완료된 후에는 상품을 포장하거나, 배송 준비가 진행됩니다. 이 단계에서 송장 번호 입력 준비가 이루어집니다.

발주 후 재고 관리 : 발주 처리가 완료된 후에는 재고가 자동으로 차감되며, 상품이 준비되면 배송 처리가 이루어집니다.

처리 방법

발송 준비 : 발주가 완료되면 상품을 포장하고, 배송 준비를 진행합니다.

송장 번호 입력: 상품을 포장한 후, 택배사와 송장 번호를 입력하여 배송 상태를 '배송 준비 중'으로 변경합니다.

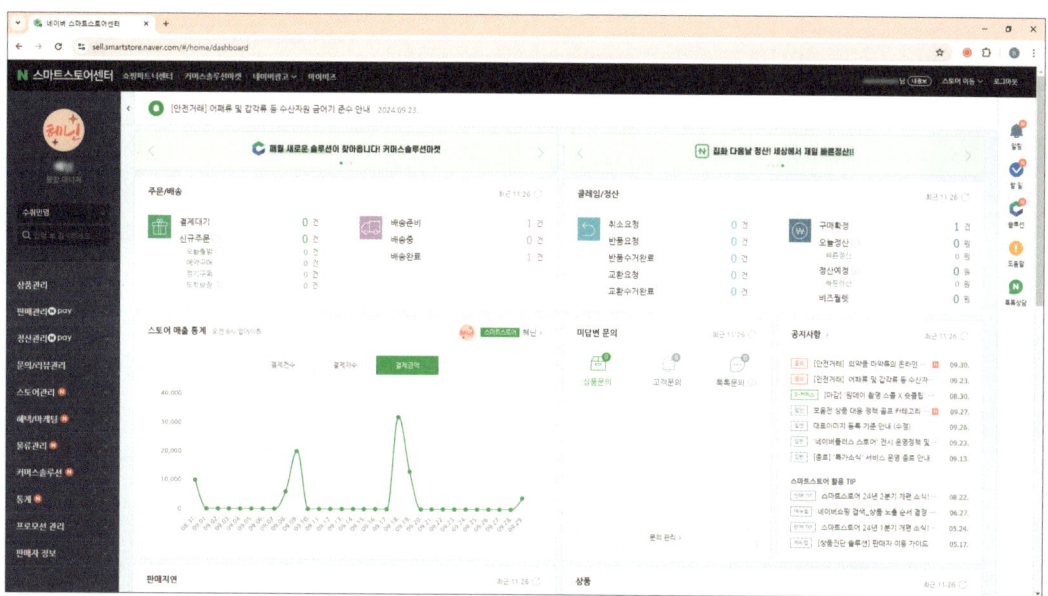

★신규 주문(발주 전)에는 주문한 고객이 취소를 쉽게 할 수 있지만, 신규 주문(발주 후)에는 판매자가 배송을 준비하는 중이기 때문에 고객이 취소를 요청할 때 판매자 승인 후에 취소 처리가 됩니다.

스마트스토어센터 대시보드에서 신규 주문의 수량이 배송 준비 수량으로 변경되었습니다.

■ **배송 처리 및 송장 입력**

① 택배사 선택 및 송장 번호 입력

상품을 포장한 후, 택배사를 선택하고 송장 번호를 입력합니다.

② 배송 정보 입력

주문 관리 화면에서 "배송 준비 중" 상태로 변경된 주문에 대해 송장 번호와 택배사 정보를 입력합니다.

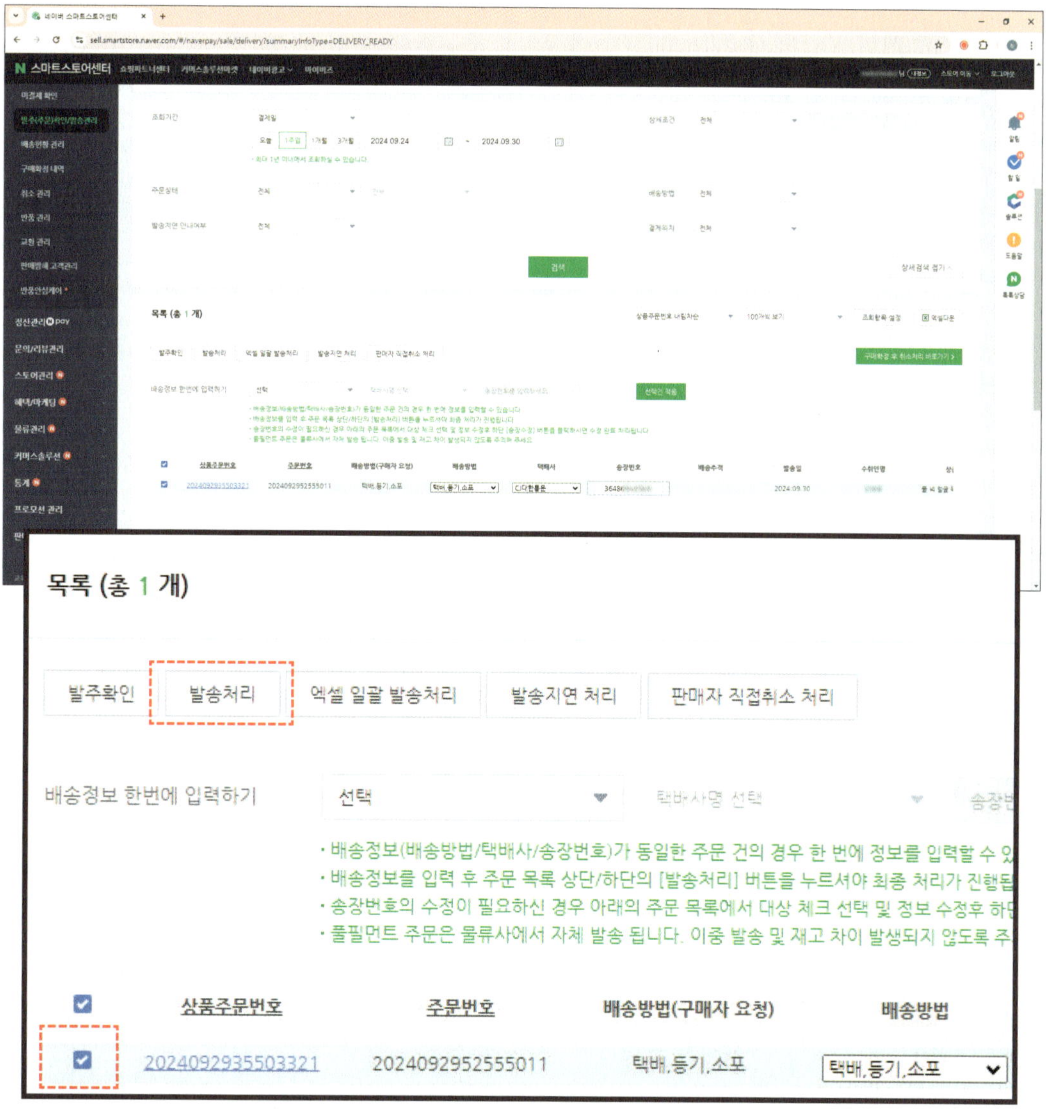

송장 번호 입력 후 체크박스에 체크 후 발송 처리 버튼을 클릭합니다

스마트스토어센터 대시보드 내역이 배송 준비에서 배송 중 상태로 전환되며, 고객은 실시간으로 배송 상태를 확인 할 수 있습니다.

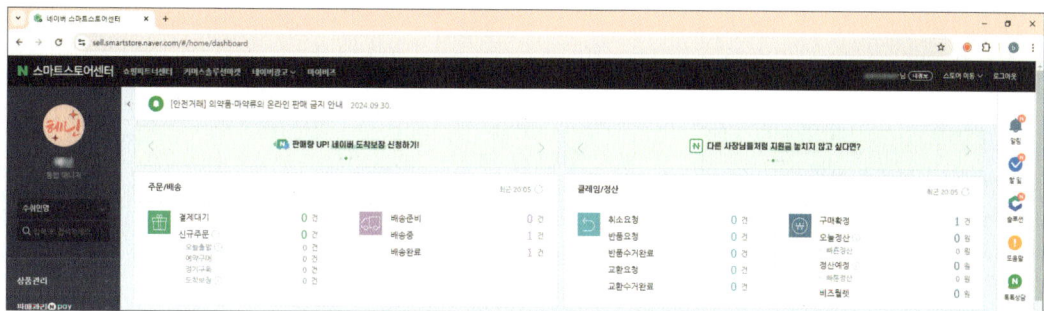

③ 배송 완료

주문/배송				최근 12:56 ↻
결제대기	0 건	배송준비	0 건
신규주문	0 건	배송중	0 건
· 오늘출발	0 건	배송완료	**6 건**
· 예약구매	0 건		
· 정기구독	0 건		
· 도착보장	0 건		

고객이 상품을 수령하면 시스템에서 자동으로 배송 완료로 처리되며, 고객이 배송 확인 및 리뷰 작성을 할 수 있게 됩니다.

배송 지연이나 문제가 있으면, 고객에게 미리 알림을 주는 것이 좋습니다.

3. 구매 확정

클레임/정산				최근 12:58 ↻
취소요청	0 건	구매확정	**1 건**
반품요청	0 건	오늘정산	0 원
반품수거완료	0 건	· 빠른정산	0 원
교환요청	0 건	정산예정	0 원
교환수거완료	0 건	· 빠른정산	0 원
		비즈월렛	0 원

고객이 상품을 수령 후 수동적으로 구매 확정하거나 그렇지 않을 때는 배송 완료 8일 후 자동으로 구매 확정이 됩니다.

배송 정보			
발송지연사유		당일발송여부	N
발송기한	2024.10.04 23:59:59	예약구매여부	N
발송처리일	2024.09.30 20:05:13	발주확인일	2024.09.30 11:10:45
최초 집화처리일시	2024.09.30 23:05:50	최종 집화처리일시	2024.09.30 23:05:50
배송방법	택배,등기,소포	**배송완료일**	**2024.10.02 19:36:15**
출하일시	2024.10.04 23:59:59	배송속성	일반배송
택배사	CJ대한통운	배송상세상태	배송완료
구매확정일	**2024.10.10 05:55:12**	송장번호	3648... 배송조회

4. 정산

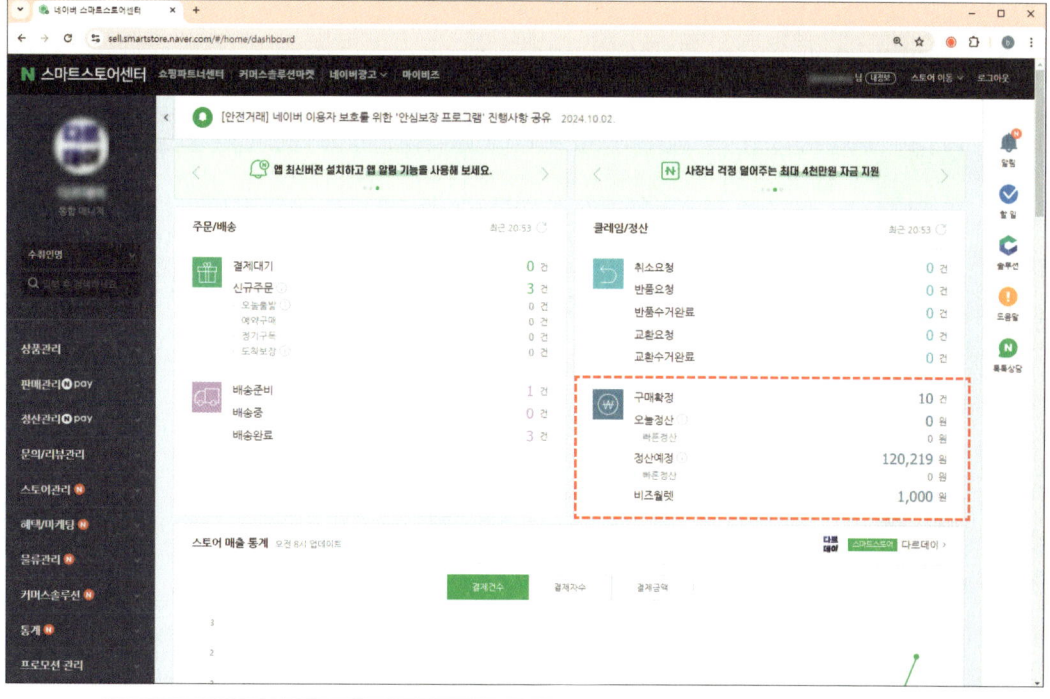

구매 확정이 될 경우 구매 확정 수량과 정산 예정 금액이 보이게 되고 평일 기준으로 다음날 입금이 됩니다.

5. 반품 및 환불 처리

클레임/정산에서 주문취소 교환 반품을 확인할 수 있습니다. 해당 건 발생 시 수량을 클릭하면 각 페이지로 전환되어 각각 주문 취소 교환 반품을 처리할 수 있습니다.

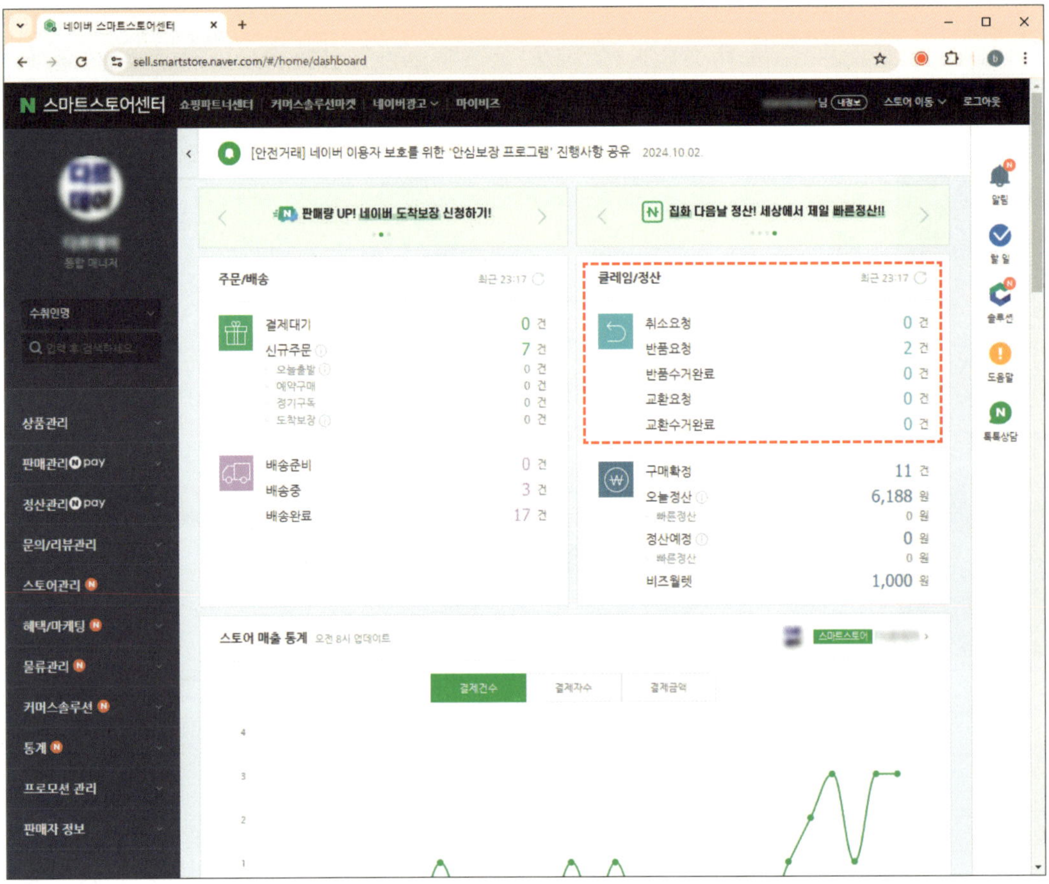

①반품 요청 확인

고객이 반품을 요청하면 주문 관리에서 반품 요청 상태로 확인할 수 있습니다. 반품 사유를 확인하고, 반품 가능 여부를 결정합니다.

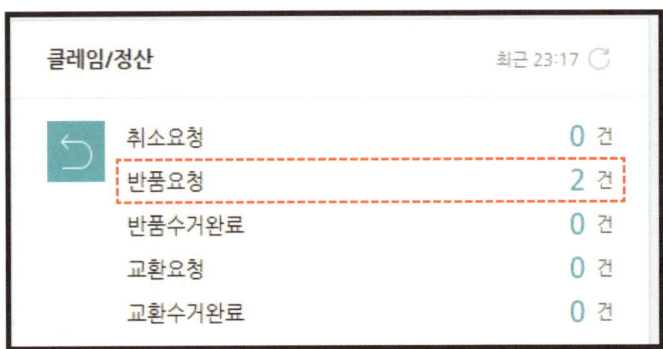

반품 요청에 있는 숫자를 클릭하면 "반품 관리" 페이지로 전환이 됩니다.

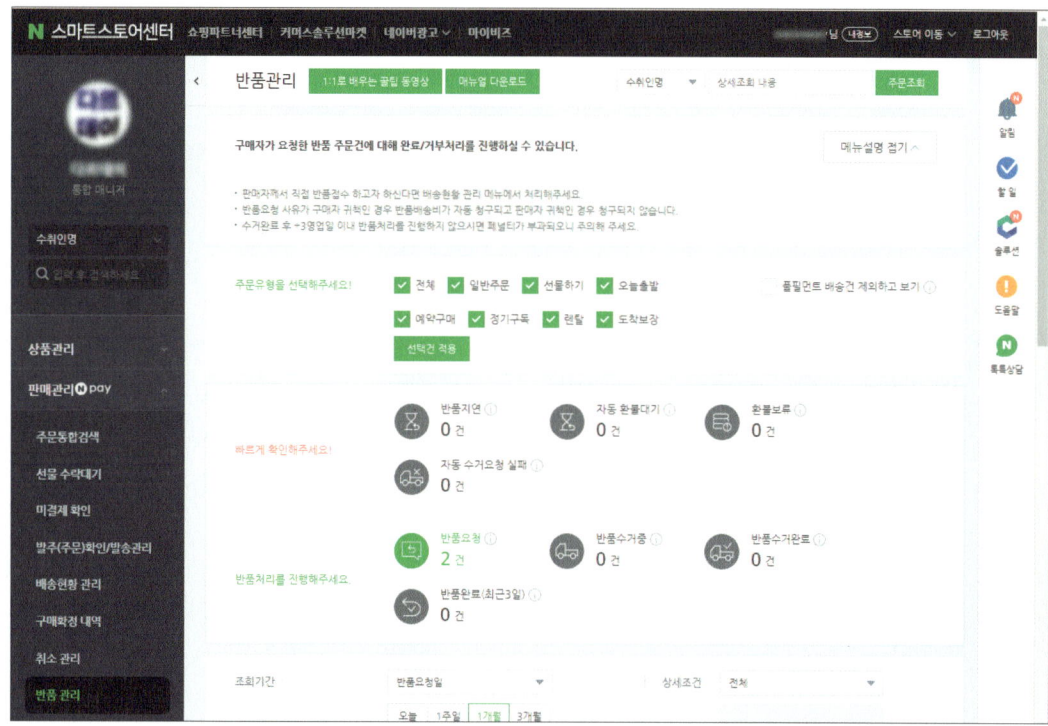

반품 관리 화면 상단에는 현재 반품 현황을 자세하게 확인이 가능하고 스크롤을 내리면 반품 목록이 있습니다.

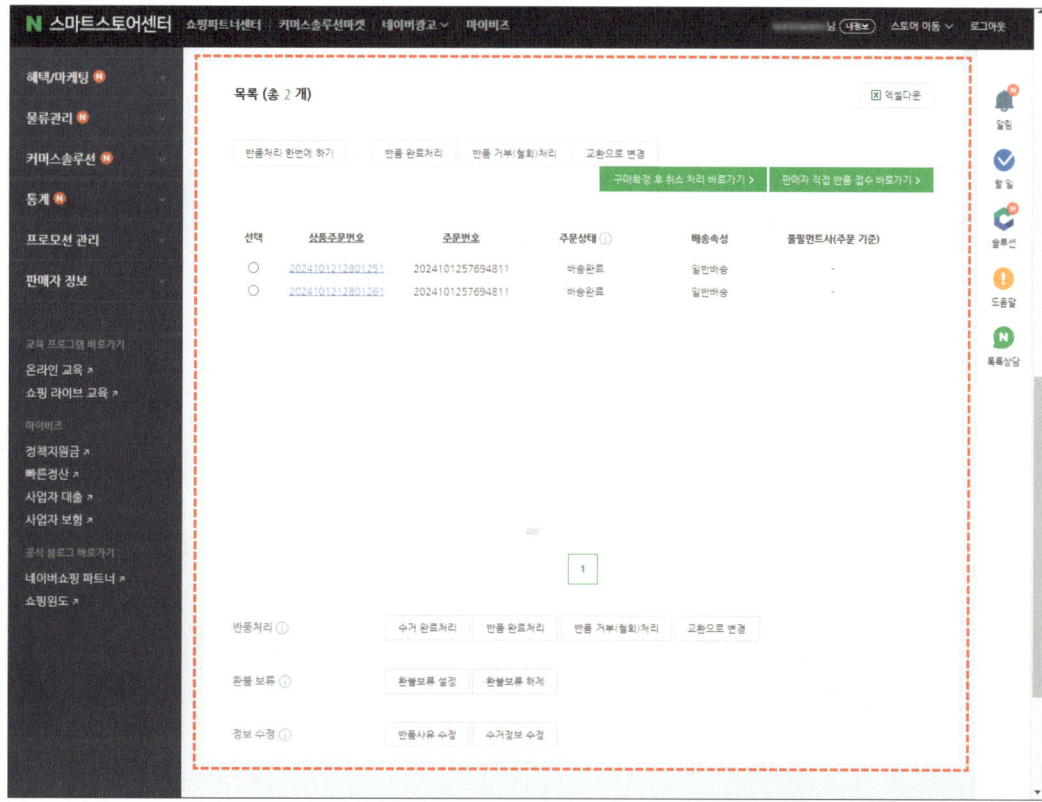

목록을 선택하면 하단에 환불보류 내역에서 환불보류 설정이 되어 있어 "환불보류해제"는 비활성화가 되어 있습니다. 이럴 경우 제품이 택배사를 통해 판매자에게 반송이 될 경우 판매자 동의 없이 자동으로 환불이 진행됩니다.

교환 반품의 귀책이 판매자에게 있다고 하더라도 제품이 훼손되었을 경우에 제품비용을 고객에게 청구해야 할 수 있기 때문에 "환불보류 설정"을 등록하는 것이 좋습니다.

환불보류 설정 버튼을 클릭해서 판매자가 환불 처리하기 전에는 자동으로 환불되지 않도록 설정하겠습니다.

환불보류 설정 버튼을 선택하면 환불보류 설정화면 창이 뜨게 됩니다.

구매자 한 명이 여러 종류 제품을 환불할 경우에는 배송비 묶음 번호가 같은 제품 리스트가 함께 보입니다.

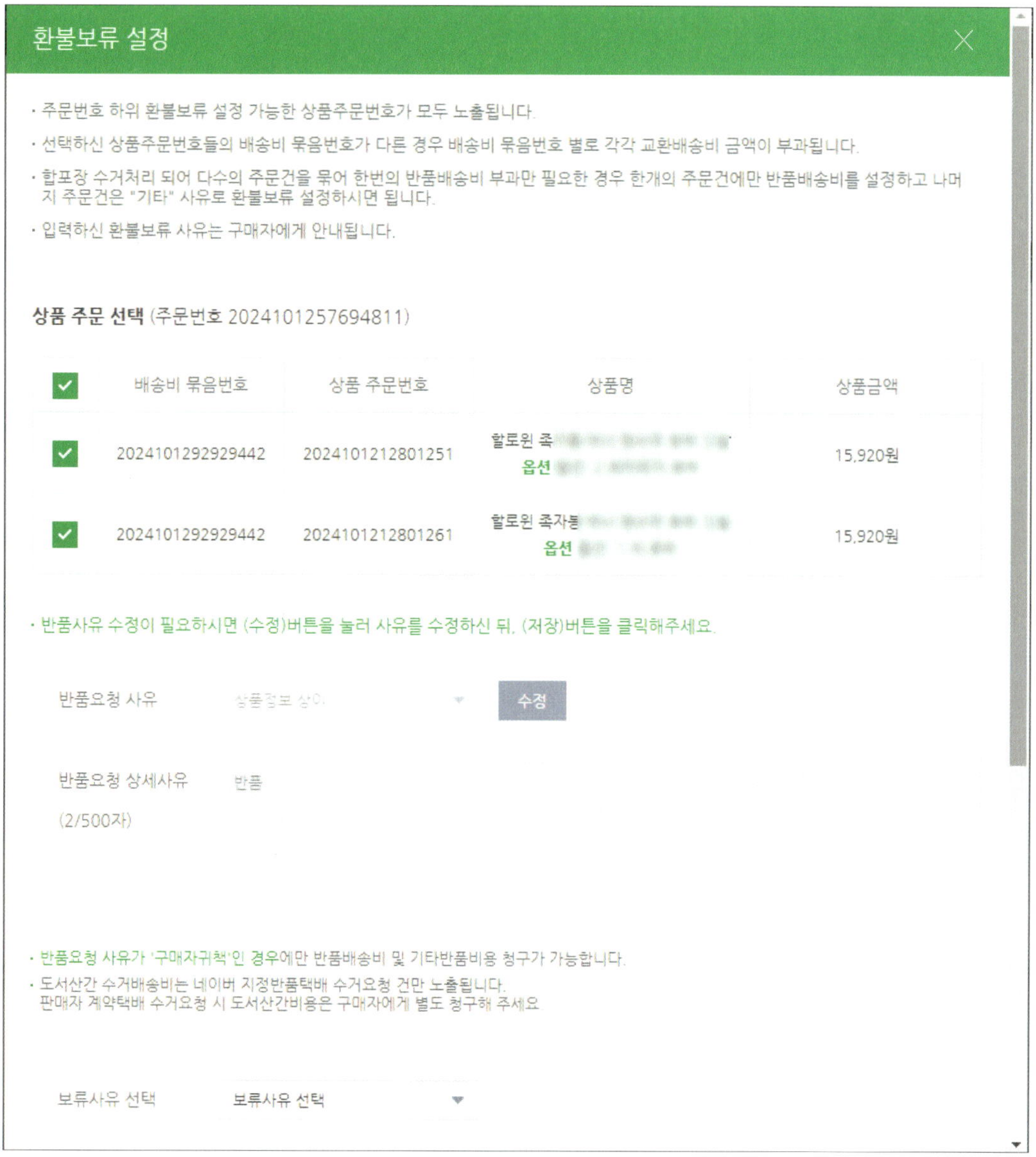

반품 요청 사유는 고객이 반품을 요청했을 때 사유이며, 스크롤을 내리면 보류 사유 선택이 있는데, 이 부분이 반품 시 환불을 보류 설정하는 작성란 입니다.

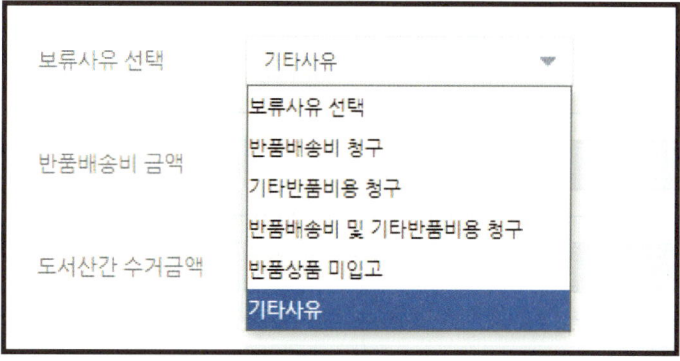

보류 사유를 선택 후 사유 입력을 합니다.
내용 작성 완료 후 "환불보류 설정" 버튼을 클릭하면 해당 내용이 고객에게 안내된다는 알림창이 뜹니다.

확인 버튼을 클릭하면 판매자 귀책 사유인 경우 환불보류 설정 제한이 된다는 내용의 창이 뜨게 되고 확인 버튼을 클릭하면 등록이 완료됩니다.

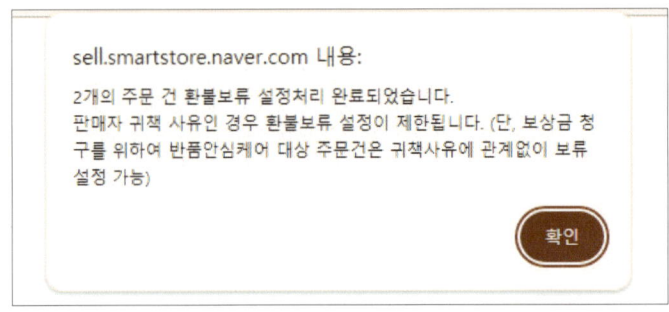

다시 선택을 체크하면 버튼 활성화가 이전과 다르게 설정된 것을 확인할 수 있습니다.

②반품 승인 및 회수
반품이 승인되면 고객에게 반품 절차를 안내하고, 반품 회수를 진행합니다.

③환불 처리
반품 회수가 완료되면 스마트스토어 대시보드 클레임/정산에서 "반품 수거 완료"에 수량이 보입니다. 반품된 상품을 검수한 후 이상이 없다면 반품 처리를 진행합니다.
반송된 제품의 상품 가치가 훼손되어 재판매가 불가능할 경우에는 구매자에게 연락해서 해당 사유로 인한 반품 불가를 안내하고 "반품 거부(철회) 처리"를 할 수 있습니다.
구매자가 반품 진행으로 제품을 반송 중 교환 요청을 할 경우에는 "교환으로 변경"을 선택하고 진행하면 됩니다.

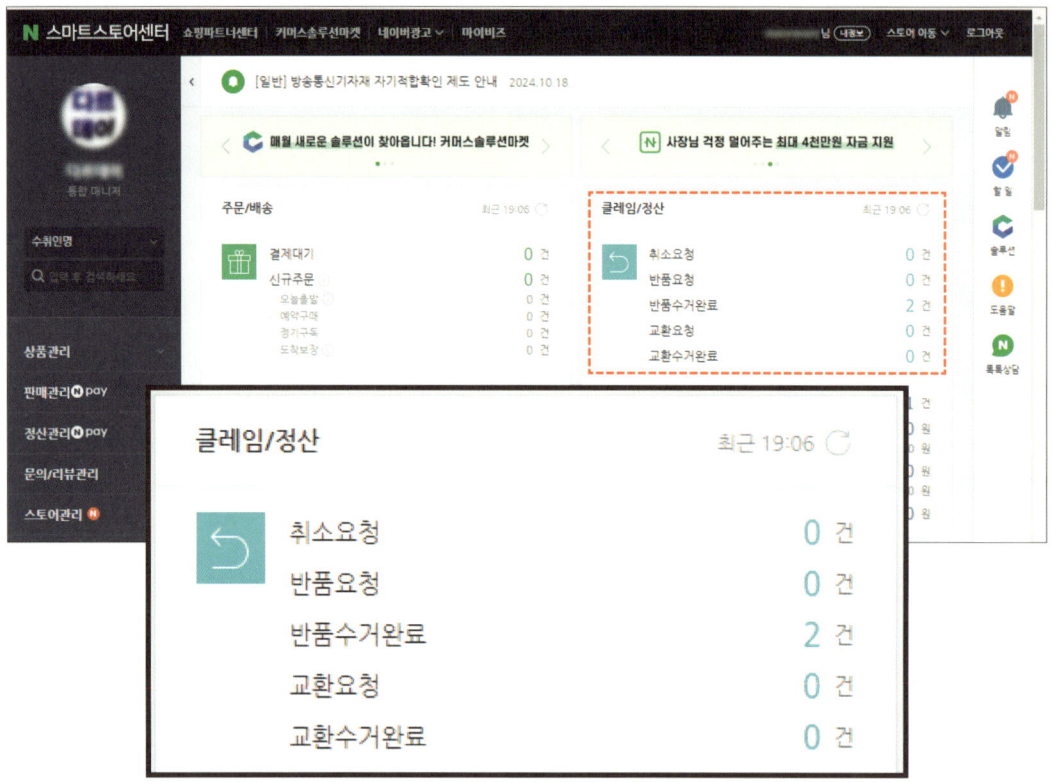

반품 수거 완료에 있는 숫자를 클릭하면 반품 관리 화면으로 전환되고, 반품 목록 리스트를 확인할 수 있습니다. 이때 반품 건 중 한 개를 선택합니다.

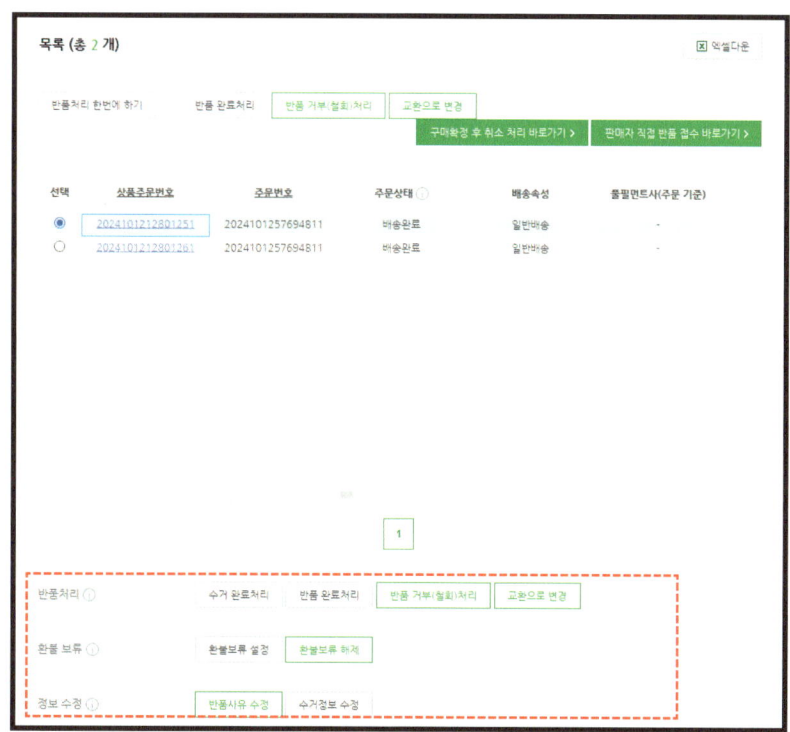

선택하게 되면 하단 버튼 중 환불보류 해제 버튼이 활성화됩니다

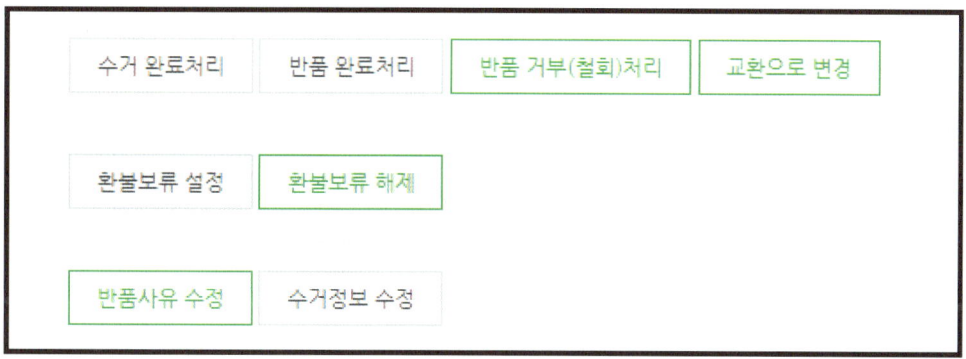

환불보류 해제 팝업창 내용을 확인하고, "환불보류 해제" 버튼을 클릭합니다.

환불보류 해제 버튼을 클릭하면 나오는 환불보류 해제 경고창 내용을 확인 후 확인 버튼을 클릭합니다.

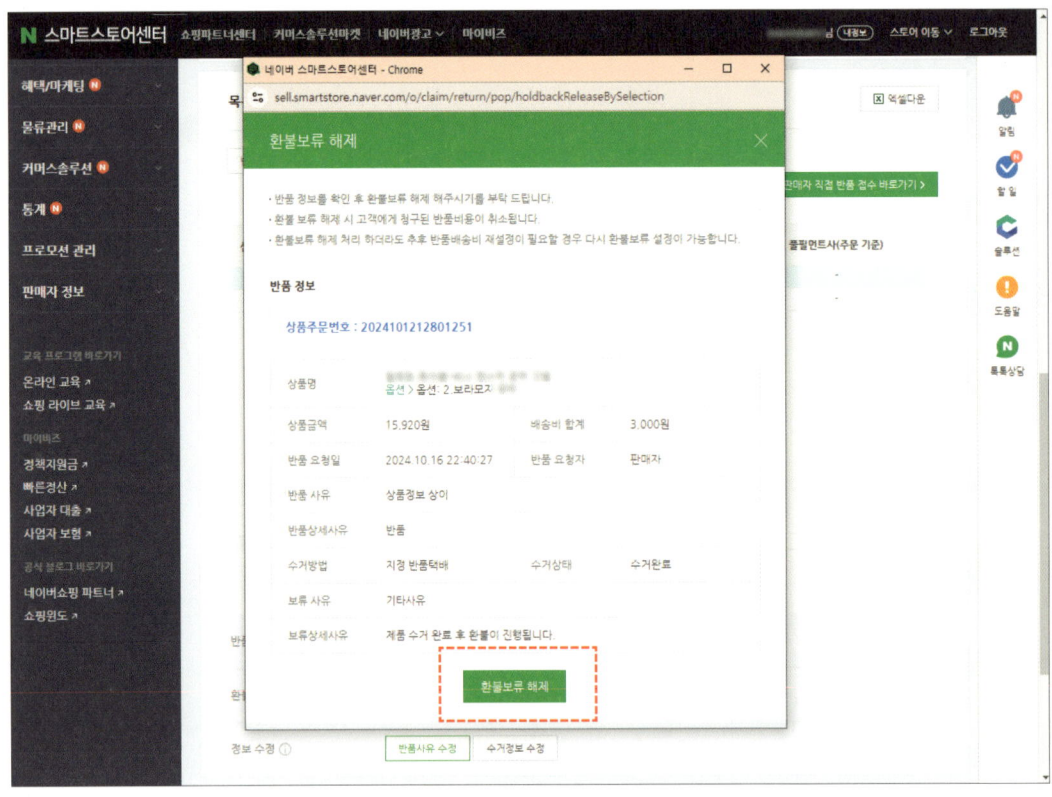

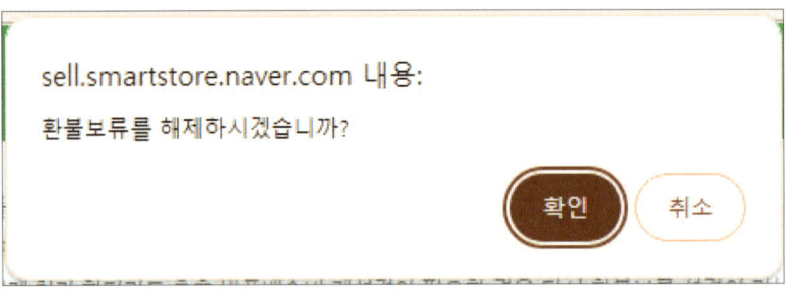

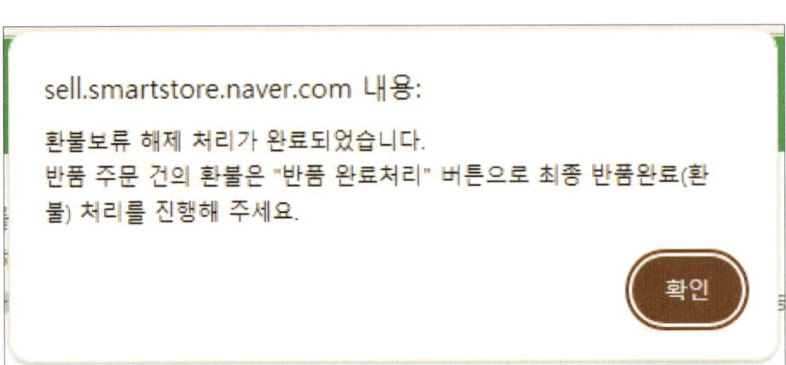

반품 처리는 여러 건이 있으면 각 반품 건을 선택해서 일일이 환불보류 해제를 합니다.

다시 리스트 화면으로 돌아온 후 후 선택하면 "반품 처리 한 번에 하기"와 "반품 완료 처리" 버튼이 활성화되어 선택이 가능합니다.

만약 리스트에 있는 제품을 모두 한 번에 처리할 경우에는 "반품 처리 한 번에 하기"를 선택합니다.

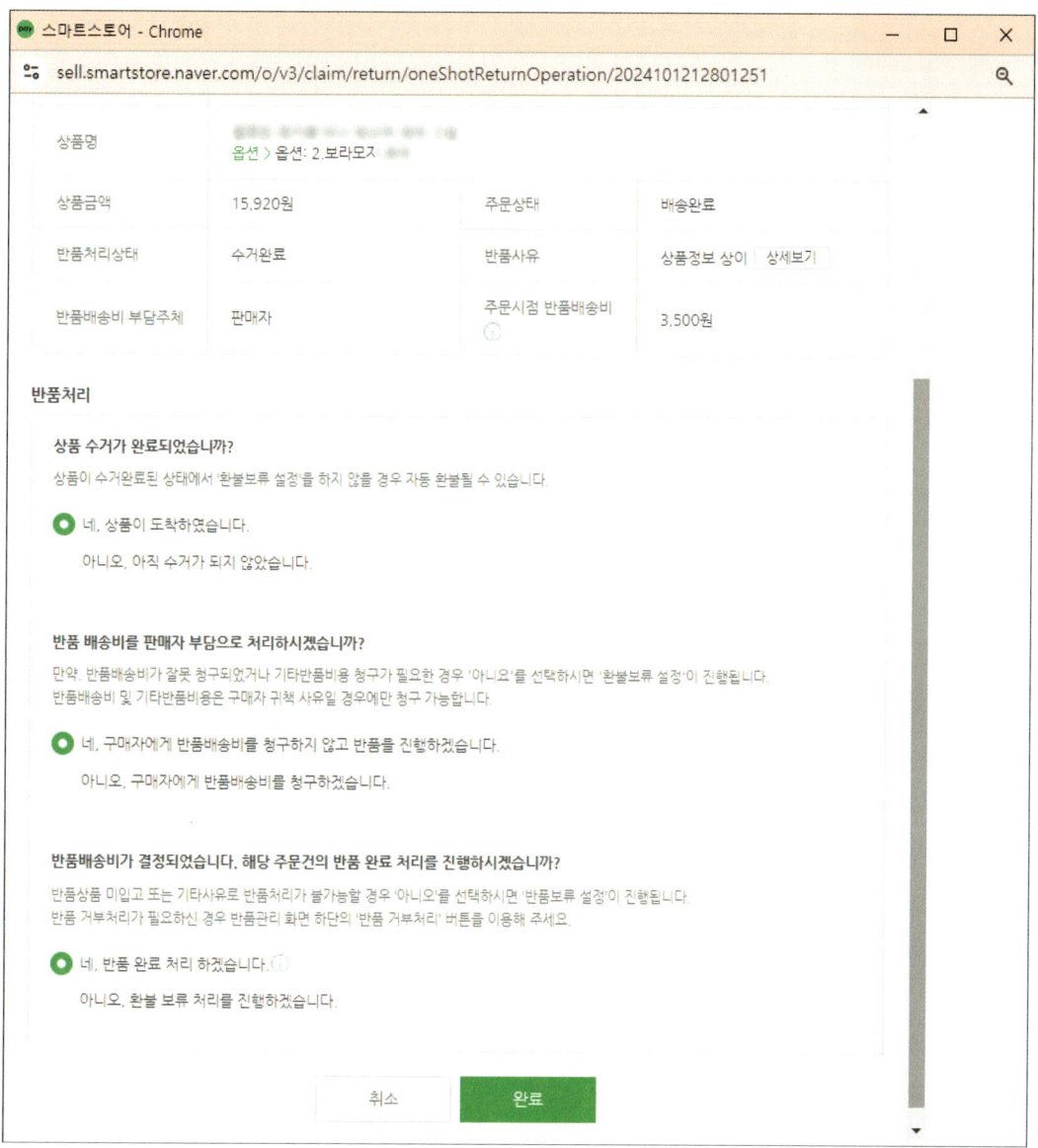

판매자 귀책으로 인해 반품되는 건이라 구매자에게 배송비가 청구되지 않고 반품 완료 처리를 각각 선택하고 완료 처리합니다.

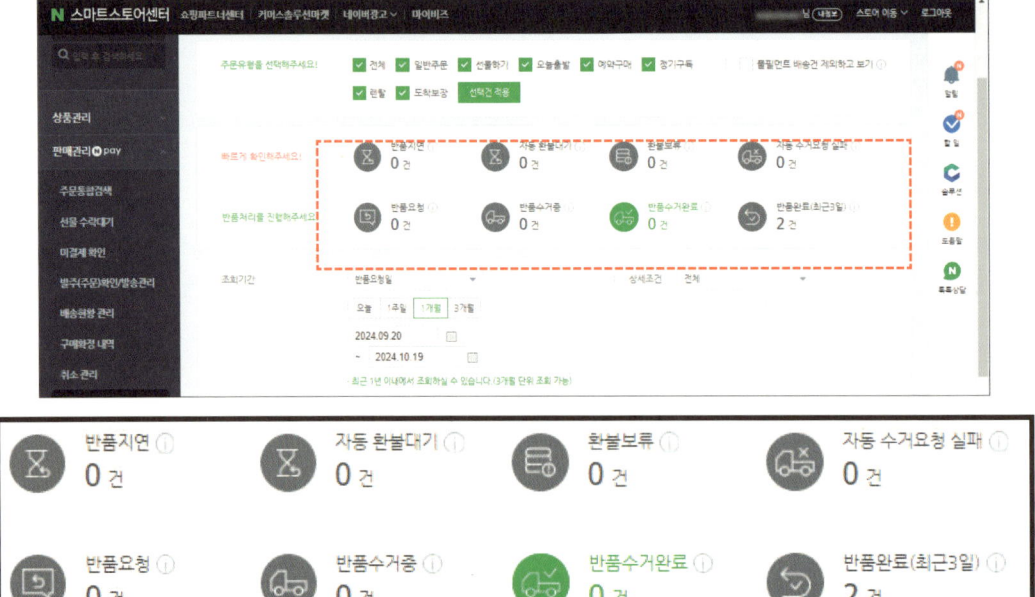

완료 후에는 반품 완료에 수량이 생성된 것을 확인할 수 있습니다.

6. 기타 주문 관리 팁

①주문 알림 설정

스마트스토어에서는 주문 발생 시 알림을 설정할 수 있습니다. 이를 통해 주문이 들어올 때마다 빠르게 처리할 수 있습니다.

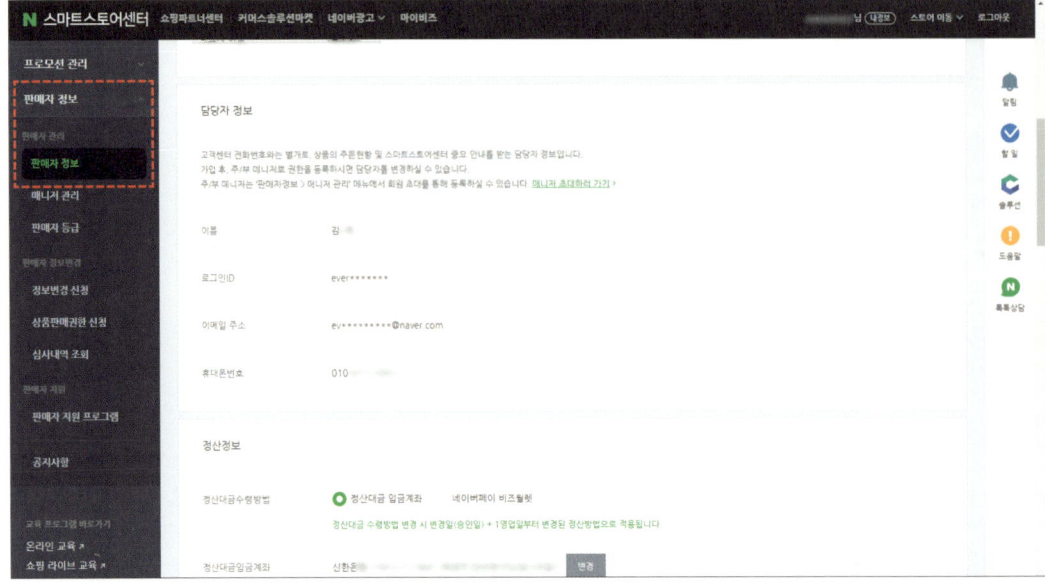

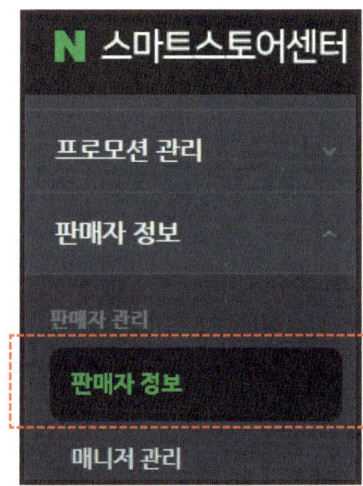

스마트스토어 주문 발생 알림 설정 방법

스마트스토어센터 왼쪽 메뉴바 "판매자 정보" 클릭하면 숨겨진 메뉴 버튼이 나옵니다.

왼쪽 화면처럼 판매자 정보 클릭 후 나오는 판매자 정보 메뉴를 선택합니다.

판매자 정보 화면에서 오른쪽 상단에 실시간 알림 설정 버튼이 있습니다.

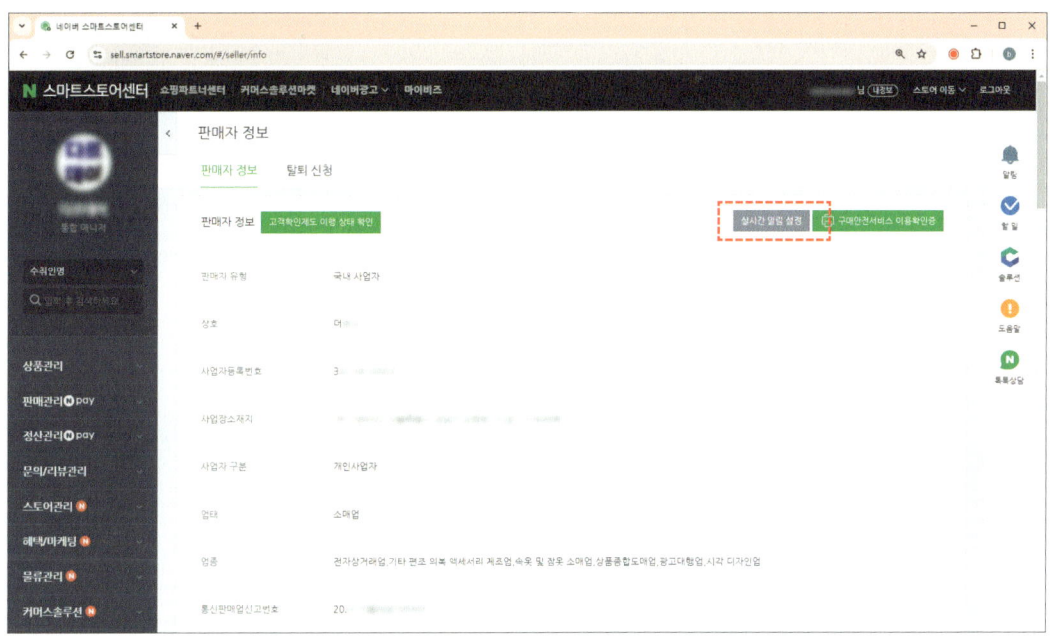

실시간 알림 설정 버튼을 클릭하면 팝업창이 열리는데 이동하기 버튼을 클릭해서 차례로 진행합니다.

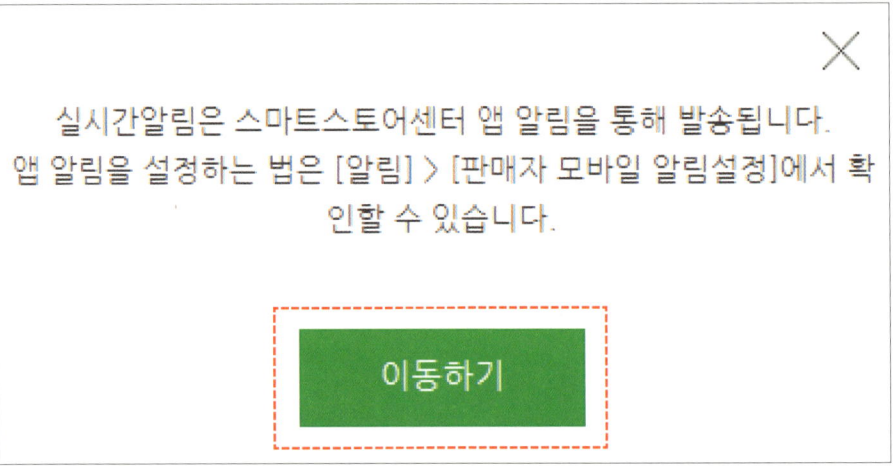

이동하기 버튼을 클릭하면 알림 설정 화면이 열리게 됩니다.
비활성화된 모바일 SMS 알림 수신 설정을 클릭해서 활성화합니다.

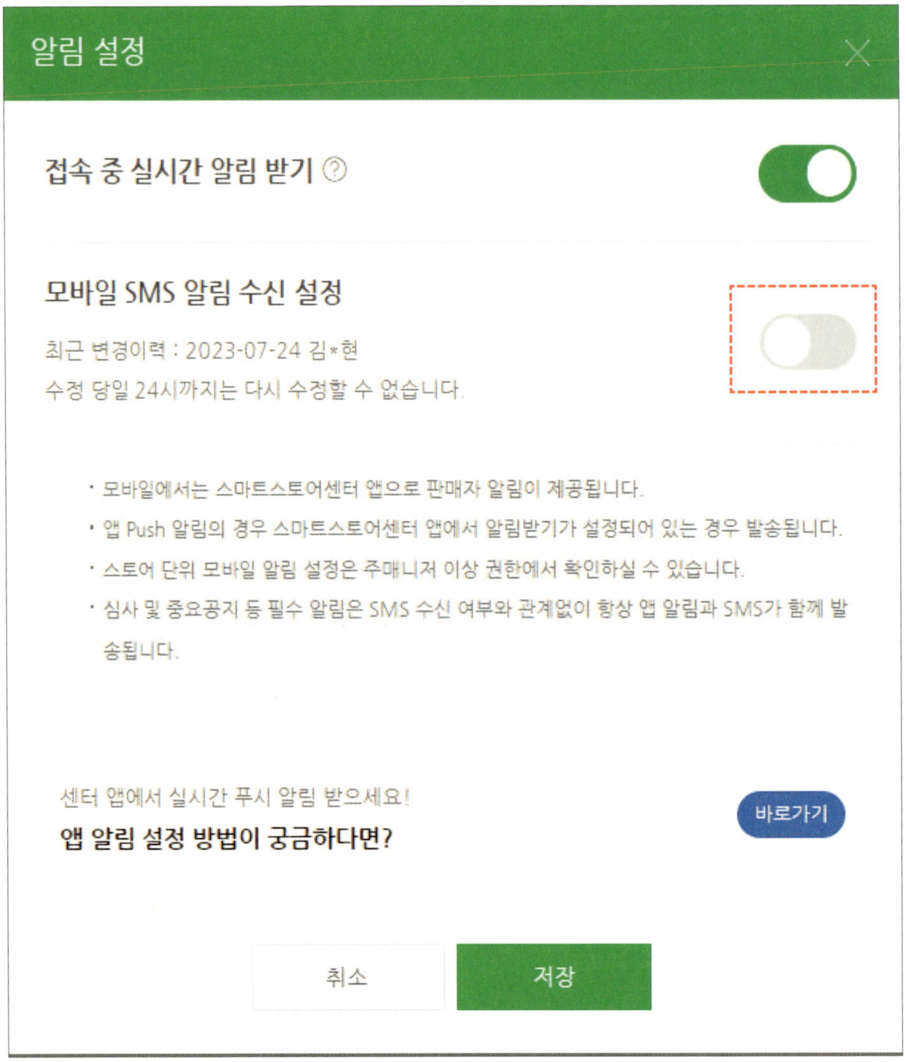

접속 중 실시간 알림 받기 ⑦	

모바일 SMS 알림 수신 설정

최근 변경이력 : 2023-07-24 김*현
수정 당일 24시까지는 다시 수정할 수 없습니다.

SMS알림은 판매자 정보에 설정된 담당자의 휴대폰번호로 발송 됩니다.
담당자 수정하기 ▸   담당자 연락처 확인하는 법 ▸
SMS 알림 수신을 설정하는 경우 모바일 알림 중 SMS로 제공되는 알림에 한해 발송됩니다.
아래 알림은 스토어의 담당자의 로그인ID가 네이버ID를 사용하는 경우 SMS가 아닌 톡톡알림으로 발송됩니다.
(상품 문의, 리뷰 이벤트, 무료 체험단 관련 알림)

에티켓 모드	● 설정 (21시~09시 SMS 수신 안 함) 설정 안 함
	• SMS대신 톡톡이 발송되는 경우, 에티켓 시간에 알림은 전송되지만 앱 푸시는 발생하지 않습니다.

주문 및 고객 문의	● 설정 안 함 설정
	• 주문알림은 10분 간격으로 주문, 취소, 교환, 반품건을 취합해서 발송합니다. • 10분 내 주문상태가 변경된 경우 실제 건수와 차이가 있을 수 있습니다.

정산	● 설정 안 함 설정
	• 매영업일 정산금액 이체 또는 비즈월렛 출금건이 있는 경우에만 발송됩니다. • 정산금액 이체 또는 비즈월렛 출금 성공/실패 결과에 대해 오전 9시 이후 발송됩니다.

상품 문의	● 설정 안 함 설정
	• 담당자가 네이버 아이디를 사용하시는 경우, SMS대신 네이버 톡톡알림이 발송됩니다.

• 모바일에서는 스마트스토어센터 앱으로 판매자 알림이 제공됩니다.
• 앱 Push 알림의 경우 스마트스토어센터 앱에서 알림받기가 설정되어 있는 경우 발송됩니다.
• 스토어 단위 모바일 알림 설정은 주매니저 이상 권한에서 확인하실 수 있습니다.
• 심사 및 중요공지 등 필수 알림은 SMS 수신 여부와 관계없이 항상 앱 알림과 SMS가 함께 발

에티켓 모드를 설정할 경우 저녁 9시부터 오전 9시까지는 알림이 오지 않습니다. 24시간 알림 받기를 원할 경우에는 "설정 안 함"을 선택합니다.

주문 및 고객 문의, 정산, 상품 문의를 각 설정할 수 있어 원하는 알림 설정을 선택 후 하단에 저장하기 버튼을 클릭합니다.

문자 알림이 오지만 스토어 담당자의 로그인 ID가 네이버 ID를 사용하는 경우 SMS가 아닌 톡톡 알림으로 발송되니 문자알림이 오지 않을 경우 톡톡 알림에서 확인하면 됩니다.

②웹사이트 검색등록

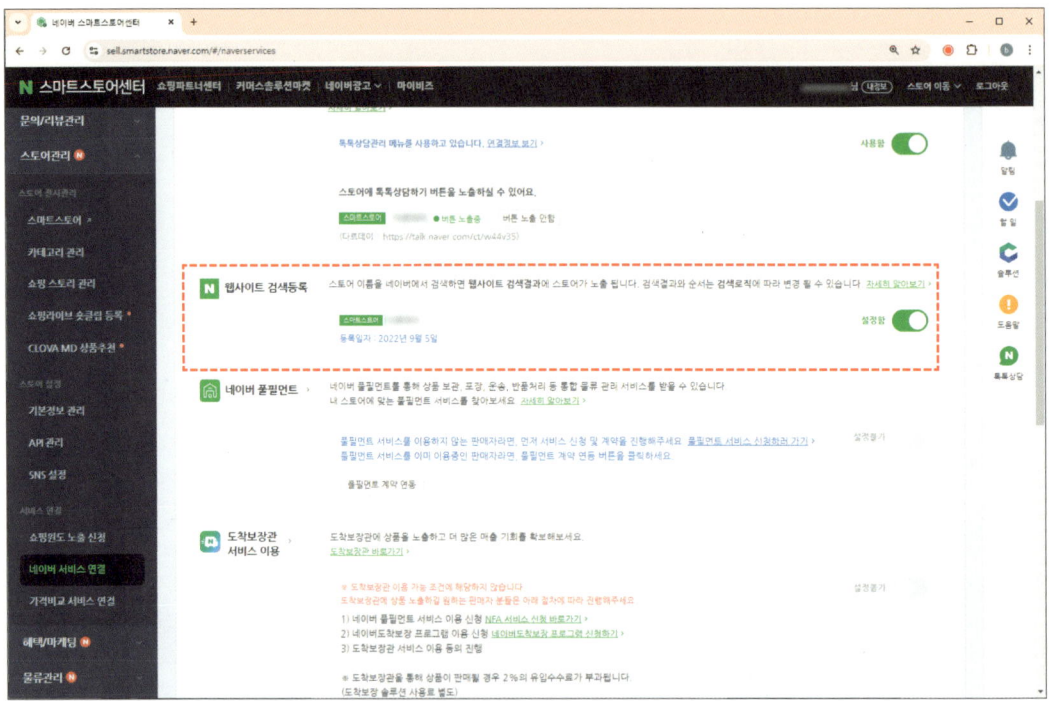

스마트스토어 개설 후 네이버에서 스토어 이름을 검색하면 검색이 되지 않습니다.

스토어개설 이후 상품을 1개 이상 등록하면 검색등록 설정이 가능합니다.
때에 따라서는 상품등록을 하더라도 노출이 잘되지 않고 판매로 인한 매출이 발생 시 검색이 되기도 합니다. 스토어와 비슷한 이름이 많을 경우 상대적으로 활성화가 된 다른 사이트가 먼저 노출되면서 내 스토어는 하위에 노출되거나 검색되지 않는 경우도 발생

합니다. 일반적인 상황이라면 스토어 개설하고 상품등록 후 웹사이트 검색 등록을 했을 때 네이버에서 검색이 되므로 검색등록 설정을 하도록 합니다.

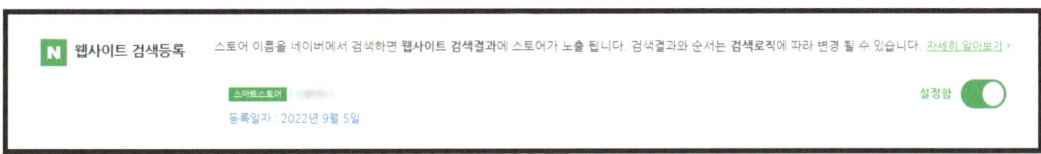

스마트스토어센터에서 "스토어관리" 클릭 후 "네이버 서비스 연결" 버튼을 클릭합니다. 중간쯤에 "웹사이트 검색등록" 설정이 있습니다.
오른쪽에 비활성화되어 있는 설정함 버튼을 클릭해서 활성화되도록 합니다.

"스토어 이름을 네이버에서 검색하면 웹사이트 검색 결과에 스토어가 노출됩니다. 검색 결과와 순서는 검색 로직에 따라 변경될 수 있습니다." 라고, 되어 있는 문구를 확인할 수 있으니 참고 바랍니다.

③SNS 설정
스마트스토어센터 왼쪽 메뉴바 "스토어관리" 클릭 후 SNS 설정 버튼을 클릭하면 네이버 블로그, 페이스북, 인스타그램 연결이 가능합니다.

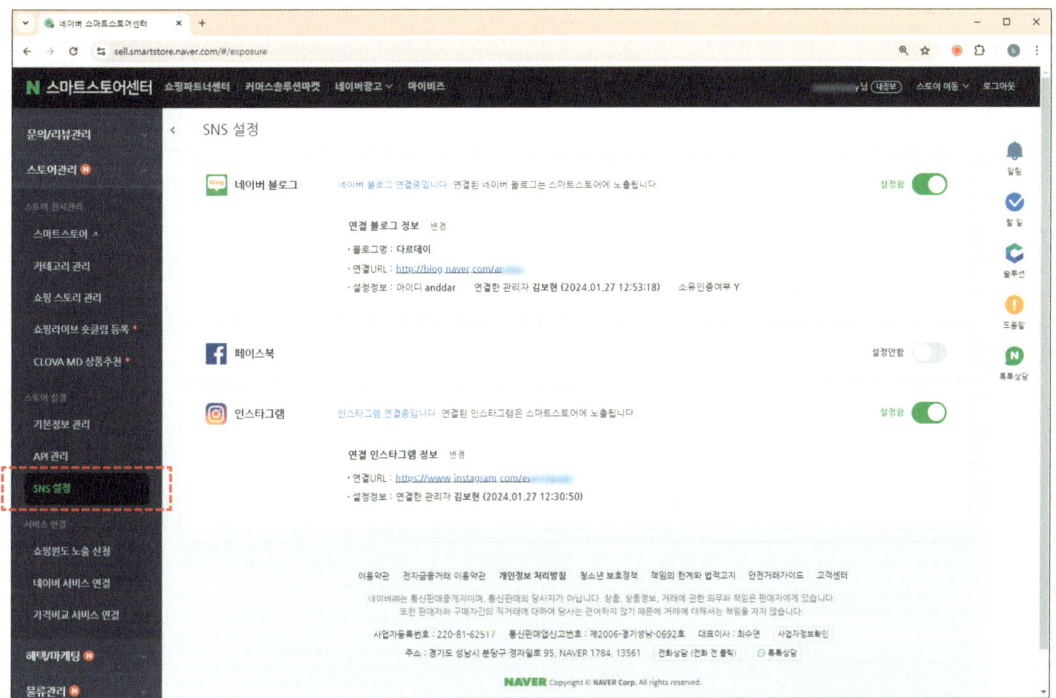

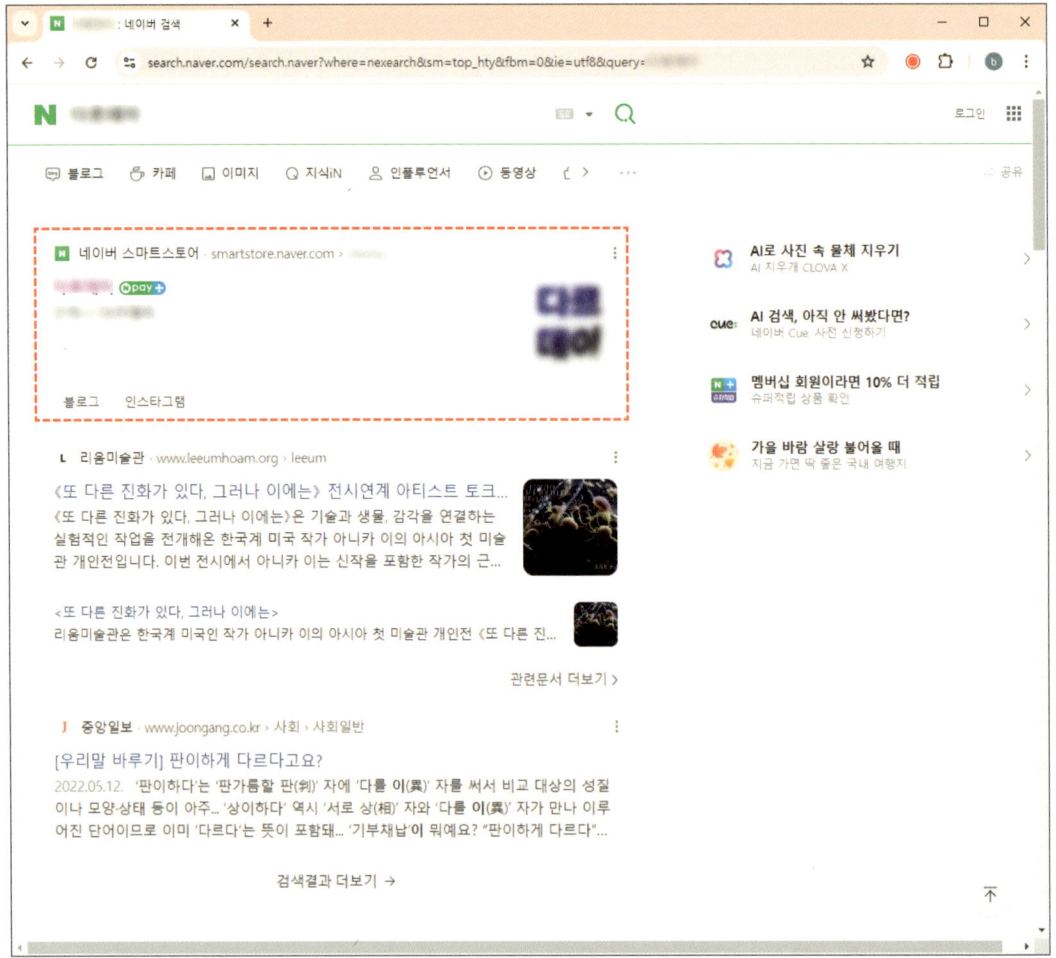

SNS를 활용하면 유입량을 늘려 판매 전환까지 가능합니다.

네이버에서 운영 중인 스마트스토어를 검색하면 연결된 SNS가 같이 노출되는 것을 확인할 수 있습니다.

위 화면을 보면 스토어이름 아래에 SNS 설정한 블로그와 인스타그램 버튼이 있고 클릭하면 해당 SNS 접속이 됩니다.

검색창 외에 스마트스토어 홈 화면에서도 확인이 가능합니다.
홈 화면 스크롤을 내려 하단에 보면 오른쪽에 각 SNS 로고를 볼 수 있는데 클릭하면 해당 SNS로 접속이 됩니다. 고객에게 더 많은 정보 제공과 연결을 가능하게 하는 SNS를 설정할 땐 판매 제품에 대한 정보를 더 입체적이고 다양한 모습으로 보여줄 수 있도록

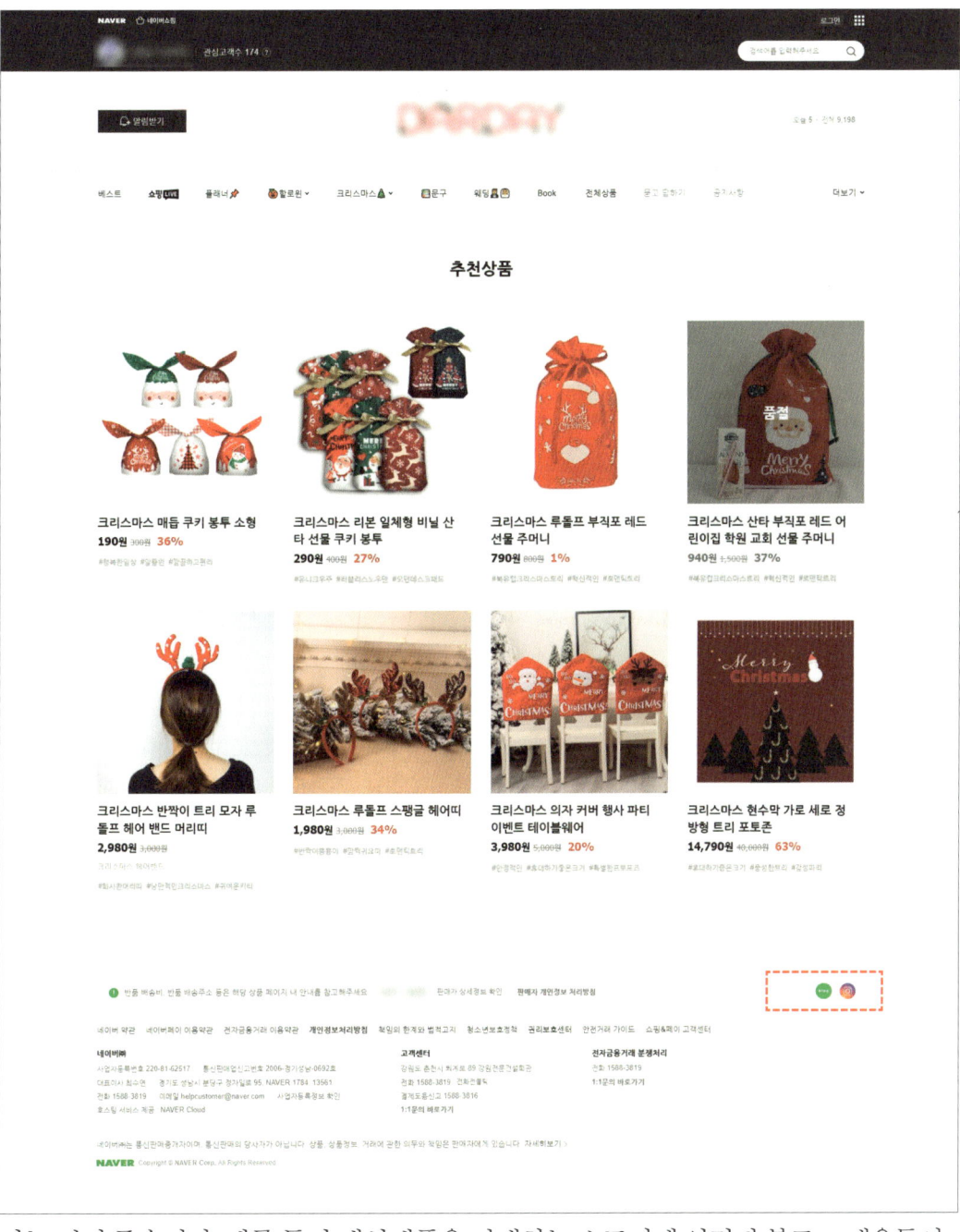

하는 것이 좋습니다. 예를 들면 패션제품을 판매하는 스토어에 연결된 블로그 내용들이 요리나 맛집 방문으로 채워진 것보단 패션에 대한 정보나 판매 제품 기획과 고객에게 제품이 공급되기까지 과정들을 스토리텔링으로 채우는 것이 더 좋겠습니다.

SNS 채널은 브랜드 이미지가 될 수 있고, 이는 브랜드 가치로 연결될 수 있으니 전략적으로 운영하도록 합니다.

저자 김보현

경력

▶ 온라인창업 강의
안양여성인력개발센터
강동여성인력개발센터
장애인여성인력개발센터
결혼이민여성스마트스토어운영과정

▶ 그래픽 강의
서울시립청소년드림센터
이젠아카데미평생교육원
더조은컴퓨터아카데미학원

▶ 평가위원
중소기업유통센터 디자인마케팅분야

블로그
https://andsee.tistory.com/

© 2024 김보현. All rights reserved.
이 책의 어떠한 부분도 저자의 동의 없이 복사, 재배포, 저장될 수 없습니다.

저자 김보현

디자인·편집·출판 더보다

ISBN 979-11-9883752-3

© 2024 김보현. All rights reserved.

초판 발행 2024년 10월 30일